우리 문화재를 지켜라!

보존
과학의
비밀

글
서찬석
―
그림
최희옥

예림당

{ 머리말 }

흥미롭고 놀라운 보존과학의 세계로!

　사람이나 동물은 아프면 병원에 가서 치료를 받아요. 그런데 사람과 동물만 아픔을 느끼는 건 아니랍니다. 믿기 어렵겠지만, 먼 옛날 우리 조상들이 남긴 수많은 문화재들도 세월이 흐르고 나이가 들면 조금씩 아프고 병이 들어요.

　바깥에 자리한 건축물이나 조각상은 비바람과 눈보라를 맨몸으로 맞기 때문에 온전한 모습을 그대로 유지하기 어려워요. 또 그림이나 자기 같은 문화재는 먼지, 습기, 곰팡이, 미생물 등으로 인해 훼손될 수 있고요.

　다친 문화재에는 알맞은 치료나 수술이 꼭 필요해요. 물론 망가진 모습 그 자체도 역사의 일부분이지만, 가능하면 만들어질 당시의 모습을 그대로 간직하는 게 좋으니까요. 돌이켜

보면 우리 기억 속 문화재들은 모두 말끔하고 정갈한 모습을 하고 있지요? 그건 문화재들이 '보존과학'이라는 치료와 수술의 과정을 거쳤기 때문이랍니다.

보존과학이라는 용어가 아직 생소할 거예요. 이제부터 보존과학이 도대체 무엇인지, 왜 보존과학이 필요한 것인지, 보존과학자는 무엇을 하는 직업인지 등에 대해 차근차근 알아보도록 해요. 문화재를 말끔히 손질하고 고쳐 내는 흥미롭고 놀라운 보존과학의 세계로, 우리 함께 떠나 볼까요?

글쓴이 서찬석

{ 차례 }

{ 1장 }

그림 속 숨은 비밀을 찾아라

'최치원 초상화'의 비밀을 찾은 X선…16
가짜가 되어 버린 '전 정곤수 초상화'…23
생생하게 되살아난 '심희수 초상화'…28
아는 만큼 보인다 ❶ 회화류 문화재 이야기…36

{ 2장 }

깨진 조각에 새 생명을 주다

신라 때 모습을 되찾은 '말 탄 사람 토기'…40
날아오를 듯 아름다운 '봉황 모양 유리병'…50
도자기 주전자의 최고봉 '용 구름무늬 주자'…60
아는 만큼 보인다 ❷ 소성물 문화재 이야기…68

{ 3장 }

과연 이 모든 게 황금일까?

순금 경판이 도금 경판으로 바뀐 이유…72
'잔무늬 거울'의 비밀을 풀다…78
칼은 청동, 칼집은 나무인 '철초동검'…86
아는 만큼 보인다 ❸ 금속 문화재 이야기…92

{ 4장 }

깎고 다듬는 것도 중요하지만

해체 전 상태까지만 복원된 '미륵사지 석탑'…96
보존과학의 표본 '해인사 장경판전'…104
금송으로 복원한 '무령왕과 왕비의 목관'…112
아는 만큼 보인다 ❹ 석조·목조 문화재 이야기…120

{ 5장 }

벌레와 습기의 공격을 피해라

세계 최초 목판 인쇄물 '무구 정광 대다라니경'…124
되살아난 조선 시대 미라의 저고리…130
보존 처리를 부탁해, 국보 '난중일기'…138
아는 만큼 보인다 ❺ 지류·직물 문화재 이야기…146

부록 보존과학 수첩…148

문화재에 생명을 불어넣는 보존과학

우리는 몸이 아프면 병원에 갑니다. 그렇다면 '문화재'가 아프면 어디로 가게 될까요? 바로 '문화재 보존과학실'입니다. 다치거나 상처 입은 문화재들은 먼저 그곳에서 필요한 치료를 받은 뒤, 박물관이나 전시관으로 옮겨 간답니다.

보존과학에 대해 본격적으로 이야기하기에 앞서 문화재가 무엇인지부터 알아야겠네요. 문화재는 조상들이 남긴 여러 가지 유물 중에서 역사적, 문화적으로 가치가 높아 보호해야 하는 것들을 말합니다. 궁궐, 성곽, 의복, 왕관 등 그 시대 사람들의 생활과 문화를 엿볼 수 있는 소중한 자산이지요.

그런 문화재가 아프기도 하냐고요? 물론입니다. 아플 수밖에 없다고 하는 게 더 정확하겠네요. 오랜 세월 땅속에 묻혀 있었거나, 미생물을 비롯해 습기나 먼지 같은 이물질에 끊임없이 노출되었을 테니까요.

조상들이 남긴 우리의 소중한 유산이 훼손되는 건 정말 안타까운 일입니다. 하지만 어떤 형태의 문화재든 세월이 흐르면 변형이 일어날 수밖에 없고, 그에 따라 자연히 상처도 입고 맙니다. 녹이 슬고, 곰팡이가 피고, 이끼가 생기기도 하며 종이나 나무 같은 것은 썩기도 하지요.

'보존과학'은 바로 이렇게 아프거나 상처가 난 문화재들을 연구하고, 치료하고, 때로는 대대적인 수술까지 하여 새로운 생명을 불어넣는 것을 말합니다. 또 앞으로 다시 그런 일이 없도록 예방하는 것까지도요.

보존과학 기술의 중요성

우리가 만나는 문화재들은 모두 보존과학의 손길을 거쳐 원래의 아름답고 수려한 모습으로 변신한 후의 것입니다. 그중에는 제대로 잘 복원된 것들이 있는 반면, 복원이 잘못되어 문제를 겪는 경우도 있답니다.

문제가 되는 대표적인 것이 바로 경상북도 경주시에 있는 '석굴암'입니다. 석굴암은 통일 신라 시대에 부처님을 모시기 위해 만들어진 석굴 사원입니다. 신라인들의 조각 솜씨와 균형미, 탁월한 예술성을 느낄 수 있는 대표적인 유물이지요. 1995년에 유네스코 세계 문화유산으로 지정되었습니다.

원래의 석굴암은 자연 그대로의 모습으로 건축돼 있었습니다. 그런 석굴암이 일제 강점기 때, 본래 신라인들이 만들었던 모습에서 많이 벗어나게 복원되었습니다. 당시 과학적 분석 없이 마구잡이로 복원을 진행한 탓이었지요. 결국 시간이 흐르자 곳곳에 습기가 차고 금이 갔습니다.

  기록에 의하면 석굴암은 조선 시대까지만 해도 만들어질 당시의 온전한 모습을 간직하고 있었습니다. 하지만 처음 발견된 1907년경에는 이미 지붕과 각종 석재가 조금씩 무너져 내리던 상태였지요. 안타깝게도 그사이 석굴암에 어떤 일이 있었는지에 대해서는 자세한 기록이 남아 있지 않습니다.

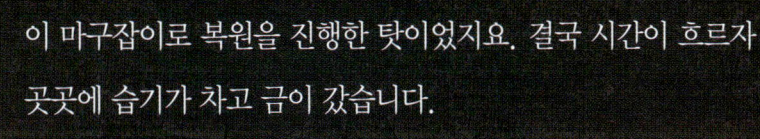

석굴암

그래서일까요? 결과적으로 일본은 석굴암을 제대로 복원해 내지 못했습니다. 이 부분에 대해 다수의 학자들이 비슷한 평가를 내리고 있습니다. 일본은 복원 시, 원래의 지붕 형태를 무시하고 최첨단 공법이라 하여 시멘트로 만든 새 지붕을 덮어 버렸으니까요.

1907년경, 당시의 석굴암 주변에는 무너져 내린 기와, 돌, 자갈, 흙이 흩어져 있었다고 합니다. 오래전 신라인들이 최대한 자연과 비슷한 환경을 만들기 위해 노력했다는 증거입니다. 실제로 신라인들은 지붕의 돌을 일일이 깎아서 끼워 맞추고, 그 위에 자갈과 흙을 차례로 덮어 온도나 습도 등이 자연적으로 조절되도록 설계했습니다.

하지만 일본은 이러한 정보를 모두 무시한 채 복원을 진행했습니다. 정확한 조사나 분석 없이 작업은 성급하게 시작되었고, 복원 기간도 겨우 3년이었습니다.

그렇게 석굴암은 엉성하게 복원될 수밖에 없었습니다. 곳곳에 이끼가 생기고 곰팡이가 피어났으며, 갈라지고 물이 흐르게 된 것도 어쩌면 당연한 결과입니다. 천여 년 이상을 버텨 냈던 유물이 도리어 3년의 복원 작업 때문에 돌이킬 수 없는 상처를 입고 만 것입니다.

해방 후에도 석굴암에 대한 보수 작업은 여러 번 이루어졌지만, 아직까지도 완전한 자연의 모습으로 돌아가지 못하고 있습니다. 참 안타까운 일이지요. 현재는 석굴암 내부의 온도와 습도 등을 모두 기계의 힘으로 조절하는 상황입니다.

물론 일제의 복원이나 해방 후 우리 보존과학자들에 의해 이루어진 복원도 그 노력을 인정받아 마땅합니다. 하지만 처음부터 유물의 주변 환경을 조금 더 정밀하고 꼼꼼하게 분석하여 복원과 보존 처리를 진행했더라면 어땠을까 하는 아쉬움이 남습니다.

보존과학, 조금 느려도 신중하게

잠시 다른 나라의 예를 살펴볼까요? 현재 보존과학 분야에서 가장 앞서가는 나라는 이탈리아입니다. 이탈리아에는 아직까지도 중세의 종교 유적이 많이 남아 있는데, 그중 가장 잘 알려진 것이 바로 로마에 있는 '피사의 사탑'입니다.

이 사탑이 이토록 유명해진 이유는 세워질 당시부터 건물이 조금씩 기울었기 때문입니다. 그래서 초창기에는 3층까지만 건설했고, 그 후 오랜 세월에 걸쳐 완공되었습니다. 그럼에도 이 사탑은 1990년까지도 조금씩 기울어 갔습니다.

결국 이탈리아는 대대적인 보존 처리를 시작했습니다. 자그마치 11년에 걸쳐, 첨단 과학 기술을 모두 동원해 꼼꼼하고 정밀하게

진행했지요. 시간이 걸리더라도 신중하게 진행하다 보니 오랜 시간이 걸린 겁니다. 결국 보존 처리가 완료된 피사의 사탑은, 앞으로 약 300년 동안 지금의 기울기 각도를 그대로 유지할 수 있다고 합니다.

이렇듯 문화재의 복원과 보존 처리 작업은 단순히 소요되는 시간만 중요한 게 아닙니다. 하나뿐인 소중한 유물이 훼손되지 않도록 치밀하게 분석하고 연구하는 것, 그것을 토대로 최대한 원래 모습에 가깝게 만들어 내는 것이 무엇보다 중요합니다. 비록 그 과정이 수십 년을 넘어 수백 년이 걸린다고 하더라도 말입니다.

이제 보존과학의 중요성을 알겠지요? 지금 이 순간에도 문화재들은 여러 보존과학자들의 손길을 거치고 있답니다.

보존과학의 비밀

{1장}

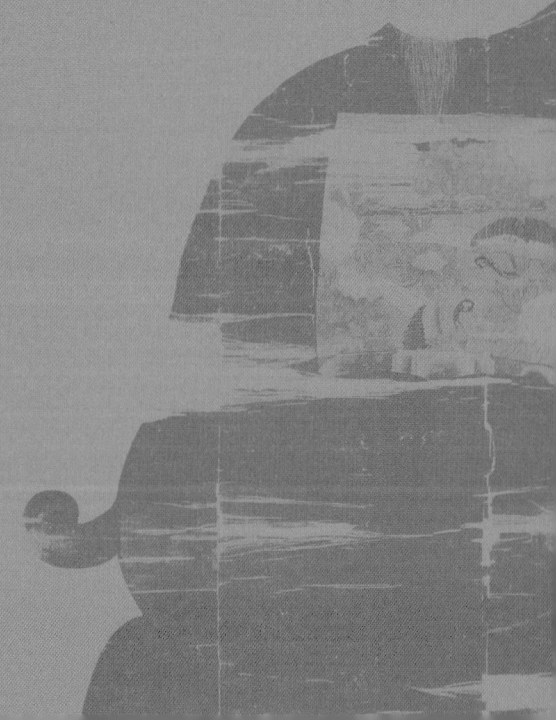

그림 속
숨은 비밀을
찾아라

01 ──────── **02** ──────── **03**

'최치원 초상화'의　　　가짜가 되어 버린　　　생생하게 되살아난
비밀을 찾은 X선　　　'전 정곤수 초상화'　　　'심희수 초상화'

01

'최치원 초상화'의 비밀을 찾은 X선

가을에 접어들던 어느 날, 경상남도 진주시 국립진주박물관 보존과학실에서 소동이 일어났습니다.

"초상화 속에 뭐가 있어요!"

전시회를 준비하며 자료를 검토하던 한 보존과학자가 자리에서 벌떡 일어나 소리쳤습니다. 모두들 눈을 동그랗게 뜨고 주변으로 몰려들었습니다.

"최치원 초상화를 X선으로 촬영한 건데, 이쪽을 보세요."

"이건 동자승이잖아? 도대체 어떻게 된 일이지?"

보존과학자들은 하나같이 깜짝 놀랐습니다. 지금껏 볼 수

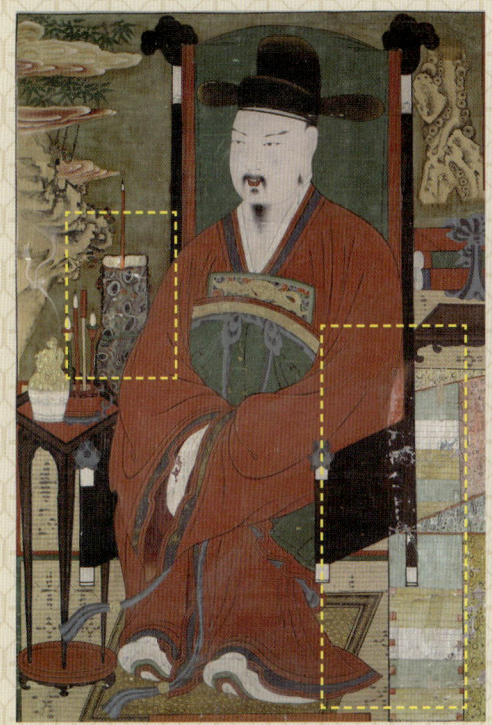 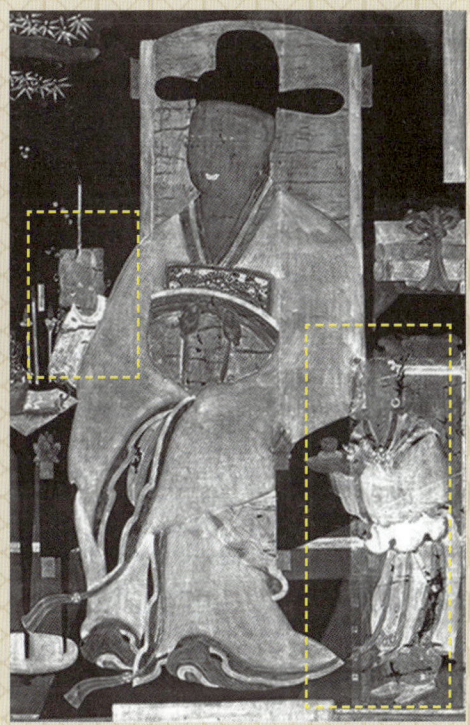

최치원 초상화 원본(왼쪽)과 X선 촬영본(오른쪽)

없었던 동자승의 모습이 그림 속에 선명히 나타났으니까요. 그림 속에 또 다른 그림이 숨어 있다? 이런 건 아무도 예상하지 못했습니다. 숨은그림찾기도 아니고 말이지요.

 우리도 함께 살펴봅시다. 왼쪽이 바로 최치원 초상화의 원본입니다. 인물 옆으로 책과 촛대 등이 그려져 있습니다. 이번에는 오른쪽 사진을 살펴봅시다. 원본 초상화와 무언가 다른 점을 찾았나요?

　원본에서 보이지 않던 동자승의 모습이 오른쪽 사진에는 선명하게 나타납니다. 책이 쌓여 있던 자리에 동자승이 숨어 있던 것이지요. 촛대가 있던 자리에도 또 다른 동자승의 상반신이 보이고요. 도대체 초상화에 무슨 일이 있었던 걸까요?

통일 신라의 유학자 최치원

　먼저 최치원이 어떤 인물인지부터 알아봅시다. 최치원은 857년, 신라의 수도였던 서라벌에서 태어나 통일 신라 말기에 활동한 사상가이자 대학자이며 천재 시인입니다.
　기록에 따르면 최치원은 4세 때부터 글을 배우기 시작해서, 10세 때 벌써 '사서삼경'을 읽었다고 합니다. 사서삼경은 당시

유교를 공부하던 사람들이 가장 기본으로 여겼던 경서로, 발상지인 중국은 물론 우리나라와 일본의 사상에 큰 영향을 준 책입니다.

최치원은 그만큼 아주 영특했고, 그의 아버지는 아들이 신분의 굴레 때문에 큰 뜻을 이루기 어려울까 우려해 일찍이 당나라로 유학을 보냈습니다. 열심히 공부한 최치원은 결국 18세가 되던 해, 과거에서 당당히 장원 급제했습니다.

하지만 벼슬을 지내던 885년, 개인적인 성공보다 조국의 미래를 더 걱정하며 다시 신라로 돌아왔습니다. 헌강왕은 그런 최치원에게 중요한 관직을 내리고 함께 개혁을 시도하려 했지만, 안타깝게

도 일찍 목숨을 잃고 말았답니다.

홀로 남겨진 최치원은 다시금 신분제의 벽에 가로막혀 관리들의 시기와 질투의 대상이 되었고, 곧 지방으로 쫓겨나야 했습니다. 지방을 떠돌던 중 진성여왕에게 '시무십여조'라는 개혁안을 올렸지만 받아들여지지 않았고요. 이후 어디서 살다가 어떻게 세상을 떠났는지에 대해서는 전설처럼 떠도는 이야기만 전해질 뿐입니다.

그림 속 숨은 그림의 비밀

이쯤에서 초상화를 다시 살펴볼까요? 그림 속 최치원의 옷과 관모는 전형적인 조선 시대 관리의 모습입니다. 그러니 이 초상화가 그려진 때는 선생이 살았던 신라 말기가 아닌 조선 시대라는 걸 추측할 수 있습니다. 그림을 그린 사람이 당시의 모습을 그대로 반영하여 그린 거지요.

실제로 이 초상화가 그려진 것은 정조 때인 1793년입니다. 경상남도 하동군에 있는 사찰 쌍계사에서 평일과 찰호라는 두 승려가 그렸습니다. 이런 것을 어떻게 알 수 있냐고요? 바로 보존과학에 활용되는 기술 중 하나인 'X선' 촬영을 통해 밝혀진

정보들이랍니다.

  이처럼 촬영 기술을 이용하면 맨눈으로 볼 수 없던 것도 확인할 수 있습니다. 이 초상화의 경우에는 하단에 중요한 기록이 적혀 있었답니다. 기록에 따르면 처음 사찰에서 그려진 이 초상화는 이후 경상남도 하동군 금천사, 하동향교, 영정을 모시는 사당인 영당, 서원 등으로 옮겨졌다고 합니다.

그림이 여러 곳으로 옮겨 간 이유는 최치원이 당시 많은 이들에게 존경받는 대표적인 유학자였기 때문입니다. 조선 시대는 불교를 억제하고 유교를 숭상했습니다. 누구나 벼슬을 하기 위해서는 유학을 공부해야 했지요. 최치원은 그런 유학의 시조였기에, 선비들은 사당이나 서원에 그의 초상화를 그려 놓고 모셨습니다.

이제 그림 속에 동자승이 숨겨져 있던 이유를 눈치챘나요? 앞서 말한 것처럼 초상화는 사찰에서 승려들에 의해 처음 만들어졌습니다. 따라서 당시에는 불교의 상징인 동자승이 자연스레 그려졌을 겁니다. 그러나 그림이 옮겨 가면서, 불교를 멀리했던 조선 선비들은 동자승이 그려진 초상화를 그대로 쓸 수 없었습니다. 결국 그 자리에 선비의 상징인 책과 촛대를 덧그려 동자승의 모습을 덮은 것입니다. 오로지 유학자로서의 최치원을 부각시키기 위해서요.

아마 현대의 보존과학의 기술이 없었다면 초상화 속에 숨은 비밀은 영영 밝혀지지 못했을지도 모릅니다.

가짜가 되어 버린 '전 정곤수 초상화'

혹시 '위작'이라는 말을 들어 본 적 있나요? 위작이란 원작자가 아닌 다른 사람이, 원작자가 만든 것처럼 흉내 내어 비슷하게 만드는 행위나 그렇게 만들어진 작품을 뜻합니다. 그런 위작에 대한 문제는 현대뿐만 아니라 아주 오래전부터 존재했다고 합니다.

다음 장에 있는 초상화를 볼까요? 원래 이 초상화 속 인물은 조선 선조 때의 문신 정곤수로 알려져 있었습니다. 그런데 국립중앙박물관에서 초상화와 관련된 책을 출간하기 위해 작품을 촬영하던 중 놀라운 사실이 밝혀졌습니다. 초상화에 X선을

전 정곤수 초상화

투과하자 눈으로 보던 것과 확연히 다른 모습이 나타난 겁니다. 초상화 속 인물은 겉으로 보기에 평범한 조선 시대 관리의 차림이었는데, X선 촬영을 하자 다른 나라 관리 복장을 하고 있었습니다. 과연 이 초상화에는 어떤 사연이 있을까요?

전 정곤수 초상화 X선 촬영본

미궁에 빠진 초상화의 주인

일단 조선 시대 인물로서 초상화가 그려졌다는 건 높은 위치의 인물이라는 뜻입니다. 정곤수는 임진왜란 당시 형조 판서로, 선조 임금의 피란길을 따라 의주까지 갔습니다. 그곳에서 선조 임금을 모셨고, 얼마 후에는 직접 명나라로 건너가 구원병을 요청하여 조선을 돕게 함으로써 외교관으로서의 역할도 톡톡히 해냈지요. 선조는 그 공로로 임진왜란이 끝난 후 정곤수를 최고 공신에 봉했습니다.

이렇듯 큰 공을 세운 인물이기에 그간 모두들 초상화에 대해 별다른 의문을 가지지 않았습니다. 그런데 지금처럼 우연히 진실이 밝혀진 것입니다. 앞에서 위작에 대해 이야기했지요? 이 초상화가 바로 다른 초상화 위에 덧칠을 한 위작, 즉 가짜 초상화였습니다. 이건 조선 시대에도 지금처럼 위작이 행해졌다는 것을 말해 줍니다.

정곤수가 조선의 사신으로 명나라를 다녀온 적이 있으니, 이 초상화도 그때 그려진 건 아닐까 추측할 수 있습니다. 그러나 그림 속 의복은 명나라의 관복조차 아닙니다. 명나라 관복은 오히려 조선의 것과 비슷하니까요. X선 촬영본을 자세히 보면, 인물은 청나라 복식 속옷인 보복에 조포를 겹쳐 입은 전형적인 청나라 관복 차림을 하고 있습니다. 결국 청나라에서 들여온 초상화 위에 누군가 그림을 덧그렸을 가능성이 커집니다.

게다가 아직 사진이 발달하지 않은 때이니, 그림 속 인물이 정말 우리가 알고 있는 정곤수인지조차도 확신할 수 없습니다.

초상화 속 인물이 실제 정곤수가 아닐 가능성도 얼마든지 있다는 것이지요. 결국 이 초상화의 이름은 '정곤수 초상화'에서 '전 정곤수 초상화'로 바뀌고 말았습니다.

보존과학은 이렇듯 문화재의 진실을 밝혀 주기도 합니다.

03

생생하게 되살아난 '심희수 초상화'

이번에 살펴볼 초상화의 주인공은 바로 심희수라는 인물입니다. 앞의 정곤수와 비슷한 시기에 활동한 문신이지요. 심희수 초상화를 통해 훼손된 그림을 복원하고 보존 처리하는 과정에 대해 알아볼까요?

심각한 상태의 초상화 기증본

심희수 초상화는 1980년에 국립중앙박물관으로 기증되었습니다. 기증된 초상화는 총 두 점이었는데, 모두 같은 시기에 비단에 그려진 그림이었습니다. 비단을 썼다는 것은 초상화 속 인물의 벼슬이 높고, 나라에 공을 세운 영향력 있는 위치임을 뜻합니다.

실제로 심희수는 1613년 임해군 역모 사건(광해군의 형인 임해군이 반역을 꾀한 사건이지만 사실이 아니었음.) 때, 사건을 해결하는 데 큰 공을 세워 공신이 되었습니다. 당시 역모가 확실하지 않았음에도 광해군은 임해군을 비롯하여 사건 관련자들을 모두 처단했는데, 이때 심희수는 광해군의 신하로서 앞장섰습니다. 그 공으로 초상화를 내려 받은 것입니다.

국립중앙박물관에 기증된 두 점의 초상화는 기증자에 따라 편의상 '종가 보존본'과 '차종손댁 보존본'으로 나뉩니다. 뒷장에 있는 것이 바로 그 초상화입니다. 두 점이 아주 비슷하지요? 아마도 같은 사람이 비슷한 시기에 두 장 모두 그렸을 것이라 추측됩니다.

그런데 두 그림 모두 손상의 정도가 심각합니다. 특히 '종가 보존본'의 경우 그림의 상당 부분이 떨어져 나갔습니다. 오랫동안 구겨진 상태였으며, 습기와 먼지까지 더해져 많이 훼손되었습니다. '차종손댁 보존본' 역시 가로와 세로로 꺾인 부분이 많고, 떨어져 나간 부분도 제법 있는 편입니다.

심희수 초상화 종가 보존본(왼쪽)과 차종손댁 보존본(오른쪽)

초상화의 복원과 보존 처리

보존과학자들은 본격적인 복원과 보존 처리 작업을 시작하기 전, 먼저 원본 그림을 꼼꼼히 분석했습니다. 그래야만 만들어졌을 당시의 원본에 최대한 가깝게 복원할 수 있고, 가장 알맞은 보존 처리를 선택할 수 있으니까요. 그림의 경우에는 색을 칠한 채색 재료부터 비단의 재질까지 모두 분석됩니다. 채색 안료의 상태, 비단의 입자 등을 자세히 살피지요. 분석을 바탕으로 작업에 사용할 재료가 준비되는데, 만들어질 당시와 가장 비슷한 성분으로 준비하는 것이 원칙입니다.

이제 그 이후 과정에 대해 알아볼까요?

우선 첫째, 먼지를 비롯해 그림에 붙어 있는 각종 이물질을 부드러운 붓으로 꼼꼼하게 털어 냅니다. 물이나 액체를 사용하지 않고 그림을 가볍게 청소하는 이런 과정을 '건식 클리닝'이라고 합니다.

둘째, 말리거나 접혀 있던 부분을 풀고 증류수로 표면을 깨끗하게 닦아 냅니다. 앞서 건식 클리닝으로 사라지지 않던 이물질은 이 과정을 통해 없앨 수 있겠네요. 이런 과정을 '습식 클리닝'이라고 합니다.

셋째, 동물 뼈를 이용해 만든 아교풀로 안료들이 잘 붙을 수 있게 조치합니다. 안료는 색깔을 입히는 분말로, 물이나 기름에 잘 녹지 않는 성질을 가지고 있습니다. 일반적으로 우리나라 전통 안료로는 '옻'이 많이 쓰입니다.

넷째, 붙어 있던 배접지를 떼어 내고 떨어져 나간 부분을 보강하기 위해, 앞면에 임시로 배접하는 가배접을 합니다. '배접'

이란 종이나 헝겊을 여러 겹 포개 붙이는 작업인데, 한지처럼 얇은 종이에 그림을 그리고 나서 배접을 하면 흐물흐물했던 종이가 빳빳해져요. 그러면 보관이 쉬워지고 그림의 색도 더 선명해지지요. 그런데 오래되면 배접지가 산화되어 그림을 망가뜨릴 수 있으므로 보존 처리 작업을 할 때 떼어 냅니다. 이어 원본 초상화에 사용했던 비단과 가장 비슷한 조직의 섬유를 준비해 떨어져 나간 부분을 채웁니다.

다섯째, 그림에 종이를 덧대는 배접 작업을 합니다. 앞서 가배접했던 부분을 떼고 새 종이를 덧대는 것이지요. 심희수 초상화의 원본 배접지를 분석하자 닥나무 재질의 한지를 사용했다는 것이 밝혀졌습니다. 그러니 복원 작업 역시 닥나무 섬유소로 만든 한지를 사용하게 됩니다.

끝으로, 천연 염료를 사용하여 색을 칠합니다. '염료'란 안료와 달리 물에 잘 녹는 성질을 가지고 있어, 옷이나 천을 염색하는 데 흔히 사용됩니다. 이때 아크릴 물감 같은 것을 쓰면 간단하겠지만, 최대한 당시의 염료와 비슷한 성분을 사용하여 색을 내려고 노력합니다. 따라서 당시 초상화가 만들어지던 환경과 비슷한 상태로 작업하고, 자연에서 채취한 재료를 이용해 염료를 만듭니다.

그림으로 보는 보존처리 심희수 초상화

❶ 건식 클리닝 : 마른 붓을 이용해 초상화 표면에 붙은 먼지와 이물질을 꼼꼼하게 털어 내요.

❷ 습식 클리닝 : 말리거나 접혀 있던 부분을 풀고, 표면에 증류수를 여과해 이물질을 닦아 내요.

❸ 아교 칠 : 초상화에 입혀 있는 안료들이 떨어져 나가지 않도록 아교를 칠해요.

❹ 가배접 : 붙어 있던 배접지를 떼어 내기 위해 앞면에 임시로 배접하는 가배접을 해요.

❺ 배접 : 가배접했던 부분을 떼어 내고, 그림에 종이를 덧대는 배접을 해요.

❻ 염료 채색 : 다양한 천연 염료를 사용해서 원본 초상화와 비슷하게 색을 맞춰요.

족자를 정비해서 그림을 걸면 작업 완료!

보존 처리된 심희수 초상화 차종손댁 보존본

여기에 초상화가 다시 꺾이는 것을 방지하기 위한 조치도 더해야 합니다. 꺾이거나 접혔던 부분에 폭 2㎜ 정도의 닥종이를 덧대는 것이지요. 마지막으로 족자를 튼튼하게 정비해서 그림을 걸면 비로소 작업이 끝납니다.

이런 과정을 거쳐 문화재를 말끔하고 깨끗한 상태로 돌려놓는 것이 바로 보존과학자들의 임무입니다. 과정을 거치는 데에는 생각보다 오랜 시간이 걸립니다. 손상의 정도가 심할 경우에는 수년이 걸릴 수도 있지요. 심희수 초상화의 경우에도 원본의 훼손이 워낙 심했기 때문에 작업 기간이 오래 걸렸습니다. 그렇기에 완성된 그림은 마치 심희수 선생이 되살아난 듯 생생합니다.

보존과학자들이 이토록 많은 공을 들여 되살린 문화재이니, 훗날 후손들에게까지 잘 전해지면 좋겠지요?

아는 만큼 보인다!

① 회화류 문화재 이야기

초상화는 아무나 가질 수 없었다.

초상화는 사람의 얼굴을 중심으로 그린 그림이에요. 지금은 초상화를 그리는 것이 흔한 일이지만, 조선 시대까지만 해도 아무나 자신의 초상화를 가질 수 없었어요. 왕이나 왕족, 나라에 공을 세운 공신, 신분이 높은 사대부만이 가능했지요. 왕이나 왕족, 공신은 나라에서 그려 주었고, 사대부는 필요에 의해 따로 그리기도 했어요. 다만 화가를 불러 오랜 기간 그려야 하니, 웬만한 부자가 아니고서는 어려웠을 거예요.

초상화를 그린 사람은 누구일까?

고려 시대와 조선 시대에는 나라에서 필요한 그림을 그려 내는 관청이 따로 있었어요. 바로 '도화원'이에요. 우리에게 잘 알려진 김홍도, 신윤복, 강세황, 장승업 등 화가 대부분이 도화원 소속이었지요. 이들은 나라에서 필요로 할 경우, 왕의 명으로 그림을 그리는 직업 화가였어요. 왕이나 왕족의 초상화는 물론이고, 책이나 그림 자료가 필요할 경우 그림을 그렸지요.

우리나라에서 가장 오래된 초상화는?

우리나라에서 가장 오래된 초상화의 주인공은 고려 시대 주자학을 도입한 학자인 안향이에요. 고려 후기 문신인 안향은 일찍이 과거에 합격해 고려 말까지 주요 관직을 역임했어요. 특히 13세기 말, 충선왕을 따라 원나라에 갔다가 주자학을 들여왔지요. 안향의 초상화는 우리나라에서 가장 오래된 초상화로, 고려 시대의 원본이 아니라 조선 시대 중기에 원본을 보고 다시 그려진 거예요.

회헌 안향의 초상화

지식 PLUS

회화류 문화재

훼손 원인

회화류 문화재는 바탕 재료로 종이나 비단 등 식물성 섬유가 사용된 것을 말해요. 주로 그림이나 서예처럼 미술과 관련된 문화재이지요. 회화류 문화재는 섬유 재질이기 때문에 **온도**나 **습도**, **먼지**나 **곤충** 등에 직접적으로 영향을 받아요. **미생물**로 인해 곰팡이가 생기기도 하고, **세균**에 의해 조직이 변형되기도 해요. 그늘지고 바람이 잘 통하는 서늘한 곳에 두는 것이 가장 좋은 보관법이에요.

복원 및 보존 처리법

회화류 문화재의 손상은 대부분 종이나 비단이 훼손되거나, 그림에 칠한 안료와 염료가 떨어지는 거예요. 먼저 복원을 위해 작품에 대해 세밀한 **분석**을 진행해요. 사용된 바탕 재료의 재질을 비롯해 안료, 염료, 배접지 등을 꼼꼼히 분석한 후 실제 복원 작업에 들어가요. 이후 **이물질**을 제거하고, 빈 부분을 보강해요. 핵심은 **색 맞춤**으로, 여러 번의 붓질을 통해 최대한 원본과 가깝게 색감을 맞춰야 해요.

보존과학의 비밀

{ 2장 }

깨진 조각에 새 생명을 주다

01 — 신라 때 모습을 되찾은
'말 탄 사람 토기'

02 — 날아오를 듯 아름다운
'봉황 모양 유리병'

03 — 도자기 주전자의 최고봉
'용 구름무늬 주자'

01

신라 때 모습을 되찾은 '말 탄 사람 토기'

국보 제91호 '기마인물형 토기'에 대해 들어 본 적 있나요? '말 탄 사람 토기'는요? 아마도 뒤의 이름이 더 익숙할 겁니다. 이번에는 신라 시대의 귀중한 유물인 이 토기에 대해 이야기해 줄게요.

먼저 '토기'가 무엇인지부터 알아야겠죠? 토기는 흙의 한 종류인 점토를 물에 개어 모양을 빚은 후, 불에 구워 만든 그릇을 말합니다. 보통 500℃ 이상의 높은 온도에서 구워지지요. 주로 식량을 저장하거나 물을 담는 용도로 사용되었기 때문에 항아리 모양으로 생겼습니다.

왕릉에서 발굴된 말 탄 사람 토기

사진이 바로 신라 시대에 만들어진 말 탄 사람 토기입니다. 두 개의 토기가 상당히 닮아 있죠? 위쪽이 '주인상'이고, 아래쪽이 '하인상'입니다. 자세히 살펴보면 어떤 게 주인상이고, 어떤 게 하인상인지 쉽게 알 수 있을 겁니다.

이 멋지고 아름다운 토기가 세상에 처음 발견된 것은 1924년 5월입니다. 일제 강점기 때였으므로 일본인에 의해 발굴되었습니다.

경북 경주시에 가면 산처럼 생긴 거대한 무덤들을 흔히 볼 수 있습니다. 그 가운데 이 토기가 발굴된 '금령총'이 있지요. 금령총은 처음에 심하게 파손되어 있었는데,

말 탄 사람 토기
주인상(위), 하인상(아래)

발굴 작업을 시작하자 안에서 놀라운 유물들이 쏟아져 나왔습니다. 금관을 비롯해 금제 허리띠, 각종 장신구, 유리그릇 같은 유물들이 감춰져 있던 것입니다.

이 가운데 가장 유명한 것이 바로 말 탄 사람 토기와 금제 방울입니다. 금제 방울이 출토되어서 금령총이라는 이름이 붙여진 것이지요.

아픔을 호소한 말 탄 사람 토기

발굴 당시 말 탄 사람 토기는 땅속에 조각조각 흩어져 있었습니다. 흩어진 조각들을 수습하여 모두 모았더니 그 양이 상당했습니다. 예상했던 것과 달리 토기가 한 점이 아닌 두 점이었고요.

곧 발굴된 조각들을 바탕으로 접착제와 성냥, 나무젓가락 등을 이용한 응급 수술이 진행되었습니다. 당시 기술로 나름의 정성을 다해 복원했지요. 하지만 지금 시각에서 보면 그때의 조치는 단지 임시로 붙여 놓은 것에 불과했습니다. 토기는 그 상태로 수십 년을 보내게 됩니다.

그러던 1977년, 토기가 점점 아픔을 호소하기 시작했습니다. 너무 오랜 시간을 제대로 된 후속 조치 없이 방치해 둔 탓이겠지요. 보존과학자들은 더 늦기 전에 서둘러 토기를 거두어들이고 꼼꼼하게 분석했습니다.

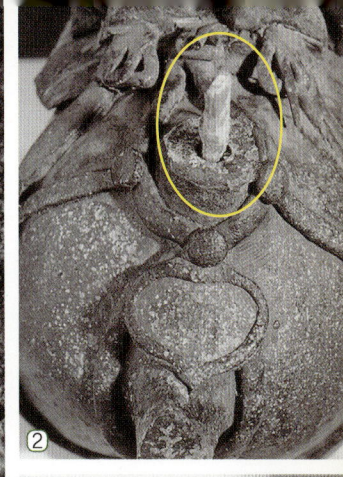
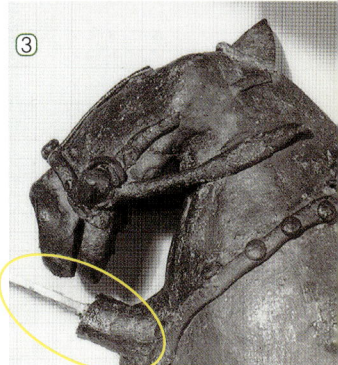

1. 발굴 당시 흩어진 토기 조각
2. 나무젓가락을 이용해 임시 복원한 모습
3. 성냥개비를 이용해 임시 복원한 모습

그 결과 처음 토기의 조각을 붙이는 데 사용했던 접착제가 시간이 흐르면서 조금씩 흘러내리기 시작했고, 떨어져 나간 부분에 대한 복원도 당시 완벽히 이루어지지 않았다는 사실이 밝혀졌습니다. 결국 토기를 발견 당시처럼 완전히 해체한 후, 처음부터 다시 복원하고 보존 처리해야 한다는 결론이 내려졌습니다.

보존과학자들은 해체하기 전에 먼저 곳곳을 촬영했습니다.

한데 놀랍게도 토기의 내부가 텅 비어 있었습니다. 왜냐하면 이 토기는 신라 왕실에서 술이나 물을 따르는 주전자 용도로 사용되었기 때문입니다. 말의 엉덩이 위에 놓인 등잔에 물을 붓고, 말의 앞가슴에 튀어나온 대롱으로 물을 따르는 구조인 것이지요. 토기 내부에 물 한 컵 정도의 양이 담긴다고 합니다.

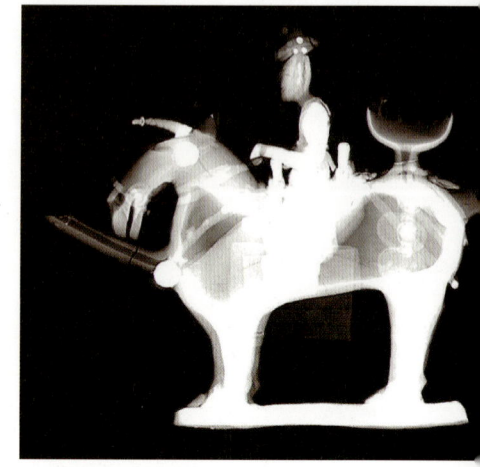

말 탄 사람 토기 주인상 X선 촬영본

말 탄 사람 토기를 되살리다

이제 토기의 복원과 보존 처리 과정을 살펴볼까요?

치료를 시작하기 전에 가장 먼저 해야 할 일은 정확한 진단을 내리는 것입니다. 말 탄 사람 토기 주인상의 경우, 이미 여러 부분에서 접착제가 흘러나오고 있었습니다. 또 등잔 밑에 떨어져 나간 조각이 있었는데, 처음부터 이 부분은 복원되지 않은 채 조각으로 보관되고 있었답니다.

특히 주목한 것은 대롱 부분에 성냥개비를 끼워 접착 면이 떨어지지 않게 고정한 점과 등잔 부분에 나무젓가락을 사용하여 고정한 점이었습니다. 지금의 기준으로 보면 상상도 할 수 없을 만큼 허술하지요. 당시에는 보존과학 기술이 부족했기 때문에 임시방편을 취한 모양입니다.

진단을 내렸으면 알맞은 치료를 진행해야 합니다. 보존과학자들은 먼저, 우리가 흔히 매니큐어를 지울 때 사용하는 아세톤을 이용해 토기를 조각조각 떼어 냈습니다. 말 탄 사람 토기의 경우, 총 38조각으로 분해되었습니다.

이 조각들을 각종 액체들 즉 아세톤, 알코올, 증류수 등에 일정 시간 담습니다. 그다음 붓으로 정성스레 토기들의 겉을 닦아 줍니다. 칼과 같은 정밀한 도구를 이용해 이물질을 하나하나 깨끗하게 없애지요.

말 탄 사람 토기 주인상 조각

마지막으로 떨어진 부분을 정교하게 붙여야 합니다. 등잔 밑에 떨어져 나간 조각은 도자기를 만들 때 사용하는 흙의 하나인 '규조토'와 토기의 색이 가장 비슷한 검은색 안료를 혼합해 보강했습니다. 이렇게 조각을 붙일 때는 일반적으로 '에폭시 수지'라는 접착제를 가장 많이 사용합니다.

설명만 들으면 마치 블록이나 퍼즐 놀이처럼 간단하게 느껴지지만, 그것과는 비교할 수 없을 정도로 훨씬 정밀하고 끈기가 필요한 작업입니다. 떨어진 조각 하나를 붙이기 위해 첨단 장비를 동원하는 일이 허다하거든요. 토기 하나를 분해하고 치료하고 수술하고 다시 보존 처리하는 데만 최소 몇 개월

복원된 말 탄 사람 토기 하인상

복원된 말 탄 사람 토기 주인상

이 걸린답니다.

　작업이 끝난 토기의 모습이 어떤가요? 아주 근사하고 늠름하지요? 사람도 말도 금방이라도 폴짝폴짝 뛰어다닐 것만 같습니다. 한때 조각조각 흩어졌던 낡고 오래된 토기를 이렇게 근사한 모습으로 되살릴 수 있는 건 모두 보존과학 기술 덕분입니다.

02

날아오를 듯 아름다운
'봉황 모양 유리병'

유리병의 외관이 굉장히 화려하고 멋있지요? 병의 주둥이 부분이 봉황의 머리를 닮았다고 해서 이름 붙여진 '봉황 모양 유리병'입니다. 공식 명칭은 '봉수형 유리병'이고, 현재 국보 제193호로 지정되어 있습니다.

오른쪽 사진은 봉황 모양 유리병의 보존 처리 후 모습인데, 조금 특이한 점이 눈에 띕니다. 병의 주둥이와 목 부분에 푸른색 띠가 붙여져 있습니다. 유리병이 만들어졌던 시기에 유행하던 장식 기법이랍니다.

또 손잡이 부분에 달린 금색 줄도 눈에 띕니다. 이건 장식이 아니라 유리병을 사용하던 때에, 손잡이가 흔들리거나 부러져 수리를 위해 묶어 놓은 것으로 추정됩니다. 워낙 귀한 물건이기 때문에 당시 왕실에서조차 버리지 않고 고쳐 가면서 사용한 겁니다.

신라 무덤에서 출토된 유리병

이 유리병은 경주 대릉원에서 발견되었습니다. 대릉원 중에서도 가장 큰 능인 황남 대총의 남쪽 부분에서요. 황남 대총은 두 개의 무덤이 남과 북으로 붙어 있는 쌍둥이 고분입니다. 주인은 알 수 없고 신라 때의 왕릉이라는 것만 밝혀졌습니다. 남쪽은 남자의 무덤이며, 북쪽은 여자의 무덤입니다.

황남 대총 옆에는 우리가 잘 알고 있는 천마총이 있습니다. 천마총은 우리나라 역사학자들에 의해 최초로 발굴된 곳으로, 신라 왕릉과 고분의 모습을 한눈에 볼 수 있는 전시관을 갖추고 있습니다. 그런 천마총에 바로 뒤이어 발

봉황 모양 유리병

굴된 고분이 바로 황남 대총이랍니다.

　처음 황남 대총을 발굴한 사람들은 그 안에서 유리병 조각을 발견하고 놀라움을 감추지 못했습니다.

　"이게 뭐지? 신라 때에 유리가 있었나?"

　정말 신비하고 아름다운 연녹색 유리였습니다. 모두들 무덤에서 나온 유리병 조각을 직접 보면서도 믿지 못했습니다. 이 외에도 황남 대총에서는 유리그릇이 5개나 더 나왔습니다. 금관을 비롯한 수많은 부장품들도 나왔고요.

1차 복원과 보존 처리

　발굴 당시 봉황 모양 유리병은 약 180여 개의 조각으로 깨진 채 흩어져 있었습니다. 발굴에 참여했던 사람들에 의하면 유리

병은 당시 발굴 현장에서 접착제를 이용해 임시로 붙여졌다고 합니다. 그래서인지 전시를 할 만큼 유물의 상태가 좋지 않아 그대로 보관만 되었습니다.

보존과학자들에게는 그것이 풀지 못한 숙제로 남았습니다. 시간이 흐른 뒤인 1978년, 국립중앙박물관 보존과학실에서는 봉황 모양 유리병의 본격적인 복원과 보존 처리가 시작되었습니다. 하지만 그때까지만 해도 우리나라의 보존과학 기술은 크게 발전하지 못한 상태였습니다.

그럼에도 보존과학자들은 끈기 있게 유리의 재질 그리고 접착제의 성분에 대해 분석하고 연구했습니다. 때로는 작은 조각 하나의 제자리를 찾아 주기 위해 몇 날 며칠 밤을 지새우기도 했습니다. 그리하여 6년이라는 긴 세월이 지나서야 유리병은 오래전 그때의 모습을 되찾고 박물관에서 우리를 만날 수 있었습니다.

당시 보존과학자들은 작업할 때, 재료가 열로 인해 녹아내리거나 색깔의 변화가 일어날까 주의하며 세심하게 작업했습니다. 그런 노력에도 불구하고 30여 년이라는 시간이 더 흐르자 유리병의 상태는 조금씩 나빠졌습니다.

유리병 표면에 접착제로 사용했던 에폭시 수지는 빛과 열에

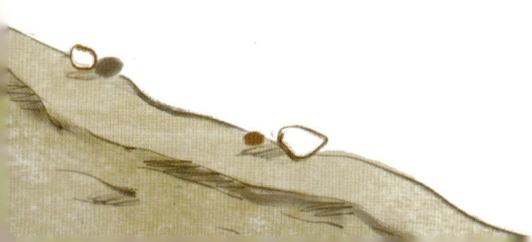

의해 누렇게 변해 갔고, 손잡이 부분은 아예 접착제가 떨어져 흔들리기까지 했습니다. 유리병이 전체적으로 균형을 잃었습니다.

그대로 두었다가는 안전한 보관은 물론이고 효과적인 전시까지도 장담할 수 없다는 결론에 도달했습니다. 보존과학자들은 마침내 2차 복원과 보존 처리 작업을 시작하기로 결정했습니다. 이때가 2014년이었습니다.

해체도 과학이다

유리병의 기본 틀은 지난번 작업에서 이미 잡아 두었기 때문에, 이번에 가장 신경 쓴 것은 접착제와 유리의 재료였습니다. 최대한 변형이 적고 오래가는 접착제, 가장 원재료와 비슷한 유리를 찾기 위해 노력했습니다.

또 자외선, 적외선, X선, 현미경 등 첨단 장비를 총동원하여 현재 상태를 정밀하게 살폈습니다. 이런 분석 결과를 바탕으로 어떻게 작업할 것인지 회의하며 가장 적당한 작업 방법을 결정하게 됩니다. 여러 방면의 분석이 끝나자 비로소 본격적인 작업이 시작되었습니다.

봉황 모양 유리병의 복원 및 보존 처리 과정

이제 본격적으로 유리병을 해체합니다. 먼저 입구 부분을 아세톤에 담가 해체하고, 몸통 부분은 부서지거나 떨어진 부분 없이 온전한 부분부터 차근차근 해체합니다. 해체된 유리 조각들은 하나하나 조심스레 분류해 섞이는 것을 방지합니다.

그림으로 보는 보존 처리 봉황 모양 유리병

❶ 유물 분석 : 첨단 과학 장비를 총동원해 유물의 상태를 정밀히 조사하고 분석해요.

❷ 유리병 해체 : 유리병을 해체하고 분류한 다음, 종류에 따라 알맞은 용액에 담가 세척해요.

❸ 유리병 접합 : 접착제를 사용해 큰 조각부터 하나씩 접합해요. 이때 부위별로 각기 다른 접착제를 사용해요.

❹ 미세 접합 : 재질과 색감이 비슷한 유리 조각으로 빈 부분을 채워요.

❺ 보강 작업 : 푸른색 띠 부분은 에폭시 수지에 안료를 섞어 원본과 비슷한 색감으로 복원해요.

표면 강화 처리를 마치면 작업 완료!

다시금 되살아난 봉황 모양 유리병

　해체된 봉황 모양 유리병의 접합은 유리병의 입과 목, 몸통 부분 그리고 받침 부분 순으로 진행되었습니다. 접착제는 부위에 따라 각각 다른 접착제를 사용합니다. 봉황 모양 유리병의 경우 바닥, 몸통, 목 부분에 가해지는 무게가 각각 다르기 때문에 여러 가지 접착제가 쓰였습니다.

　봉황 모양 유리병은 특히 목과 손잡이 부분이 중요했습니다. 목 부분의 푸른색 띠는 에폭시 수지에 안료를 섞어 원래 색과 비슷하게 복원했습니다. 이전 복원 당시 몸통 부분에 비워 둔 부분이 많았는데, 이번 복원에서는 발굴할 때 따로 보관해 두었던 유리 조각 중 색감과 질감이 비슷한 조각을 찾아 보충했습니다.

　마지막으로 손잡이 부분의 금색 줄에 대한 보존 처리도 진행했습니다. 줄의 성분을 분석했더니 순금 93%, 은 7% 비율이었습니다. 그러니 당연히 기존 성분과 같은 비율로 배합해 작업했답니다. 이로써 봉황 모양 유리병은 전보다 훨씬 더 견고하고 아름다운 모습을 얻었습니다. 마치 새로운 생명을 얻고 되살아난 것처럼 말이지요.

실크 로드를 타고 건너오다

신기한 점이 하나 있습니다. 당시 신라는 유리 만드는 기술이 없었는데, 어떻게 5세기 신라 왕릉 안에 유리병이 남아 있던 걸까요? 사실 봉황 모양 유리병은 고대 그리스의 '오이노코에'라 불리는 유리병과 아주 닮았습니다. 이 유리병은 그리스

뿐만 아니라 지금의 시리아와 동부 지중해 지역에서도 만들어 사용했다고 합니다.

비단길, 즉 '실크 로드'라는 말을 들어 봤을 겁니다. 유럽과 동아시아를 잇는 무역로이지요. 당시 유럽에서 생산된 오이노코에가 실크 로드를 통해 신라로 수입된 것입니다. 이것은 신라의 국력이 그만큼 강했다는 것을 말해 줍니다.

이제 봉황 모양 유리병이 어떤 유물인지, 어떤 과정을 거쳐 우리 앞에 왔는지 알겠지요?

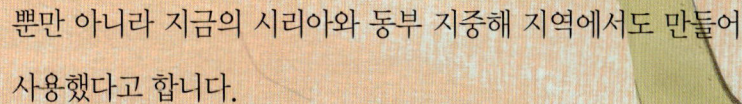

03

도자기 주전자의 최고봉 '용 구름무늬 주자'

'주자'라는 말이 조금 생소하지요? 주자란 쉽게 말해 도자기로 만든 주전자를 가리킵니다. 용 구름무늬 주자는 용과 구름 문양을 새겨 넣은 도자기 주전자인 셈입니다. 겉에 오목하게 새겨진 문양이 특징인 이 주자는 1915년에 경기도 개성시에서 출토되었습니다.

오른쪽 사진을 한번 볼까요? 사진은 3D 기술을 통해 완전하게 복원 및 보존 처리된 용 구름무늬 주자의 모습입니다. 아름답고 고급스러운 외관을 보니 아마도 당시 최고의 도자기 장인이 만들었을 것 같네요.

사라진 구름과 용 한 마리 조각

이 사진만 보면 도대체 어느 부분에 문제가 있었는지 눈치 채지 못할 겁니다. 주자의 전체적인 색깔은 백자에 가깝고, 흙의 입자는 흰색, 물이나 술을 담는 입구에는 연꽃 문양이 조각되어 있습니다. 앞면에는 구름 속을 거니는 듯한 용 문양이 새겨져 있고, 손잡이에는 구름 문양이 새겨져 있습니다.

그러나 다음 장에 있는 사진을 보면 깜짝 놀랄 거예요. 원래는 상태가 아주 심각했습니다. 이미 주자의 절반 이상이 깨져 사라진 상태였으니까요.

그나마 다행스러운 점은 깨져 사라진 부분의 문양이 반대편 문양과 하나로 연결되어 있다는 것이었습니다. 그것은 곧 남은 한 면을 분석해 그 규칙을 이용하면 사라진 반대 면의 문양을 추정할 수 있다는 뜻입니다.

용 구름무늬 주자

이처럼 파손이 심한 상태에서 보존과학자의 머리와 손만으로 모든 걸 완벽히 복원해 내는 것은 불가능한 일입니다. 그러나 첨단 과학 기법을 동원하면 가능할 것도 같았습니다. 그러기 위해서는 일단 분석부터 해야겠지요?

꼼꼼한 조사와 분석

용 구름무늬 주자의 분석은 X선 촬영부터 시작되었습니다. 분석 결과, 새겨진 문양 부분의 안쪽을 비롯해 겉면에 조각된 무늬들이 각각 서로 다른 틀에서 만들어 이어 붙였다는 사실이 밝혀졌습니다. 또한 물을 넣는 입구 부분의 연꽃 문양과 손잡이 부분의 구름 문양 역시 각각 만들어져 이어 붙인 것이었습니다.

제법 많은 것을 알아냈지요? 그다음은 현미경을 이용해 주자의 미세 조직과 성분을

용 구름무늬 주자 보존 처리 전

용 구름무늬 주자 X선 촬영본

관찰했습니다. 그 결과, 몸통 부분은 다양한 성분의 입자가 섞인 흙이 사용되었고, 물이 나오는 앞부분의 꼭지는 도금되어 있다는 것이 밝혀졌습니다.

분석을 했으니 이제 작업을 시작해야 합니다. 아무리 귀한 유물이라 해도 깨진 상태로 전시할 수는 없으니까요. 사실 그동안 주자의 복원에 대해 섣불리 엄두를 내지 못한 것이 사실입니다. 떨어져 나간 면을 정확하게 복원할 방법이 없었기 때문입니다. 그러나 최근 3D스캔과 3D프린팅 기술이 발전하면서 완벽한 복원에 대한 가능성이 열렸답니다.

3D스캔과 3D프린팅 기술

'스캔'은 사물을 사진처럼 찍어 내는 것입니다. 그러니 '3D스캔'은 사물의 외면을 입체적으로 찍어 내는 것이지요. 다양한 각도에서 정교하게 여러 번 사진을 찍고, 사진들이 축적되어 하나의 입체적인 데이터로 생성됩니다.

보존과학자들은 이 기술을 이용하기로 했습니다. 3D스캐너를 이용해 문양을 복제하고, '3D프린터'를 통해 새 조각을 출력하는 것이지요. 만약 이런 기술 없이 단순히 기계로 만들어 내는 작업을 한다면 분명 이음새 부분이 자연스럽게 연결되지 않을 겁니다.

하지만 스캔 기술만으로는 채워지지 않는 부분이 있습니다. 바로 주자가 깨져 있던 부분이지요. 바로 이런 곳에 보존과학자들의 손길이 필요합니다. 컴퓨터를 이용해 문양의 규칙을 찾고 온전한 모습이 되도록 시뮬레이션하는 것이지요.

그리고 다시 시뮬레이션을 통해 떨어져 나간 부분의 외곽선

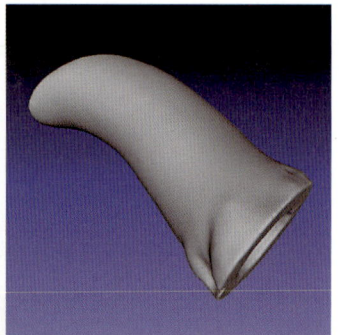

3D스캐너와 스캐너를 통해 입력된 정보

을 살려 겉면의 조각들을 정교하게 그려 냅니다. 이것을 3D프린터를 이용해 입체적으로 출력하면 비어 있던 부분에 딱 맞는 조각이 완성됩니다.

   3D프린터를 통해 출력된 조각은 사진과 같이 아주 정교합니다. 색깔만 빼면 정말 원래의 조각과 똑같지요? 이것을 기존 몸통에 합하고 물감을 덧칠해 색감을 맞추면 비로소 주자가 새 생명을 얻게 됩니다. 앞서 보았던 사진처럼 멋지고 빈틈없는

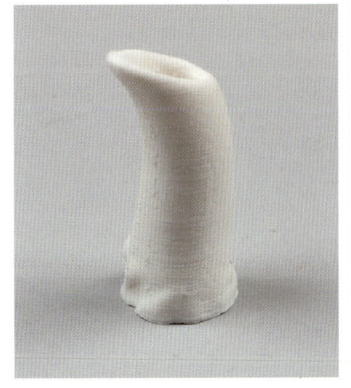

3D프린터를 이용해 출력된 조각

그림으로 보는 보존 처리 — 용구름무늬 주자

❶ 외관 분석 : 장비를 통해 유물의 안과 밖을 살피고, 현재 상태를 꼼꼼히 분석해요.

❷ 성분 분석 : 현미경 등의 기구를 이용해 유물의 미세 조직과 성분을 관찰해요.

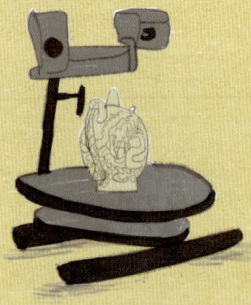

❸ 3D스캐닝 : 3D스캐너로 유물의 외관을 스캔하고, 시뮬레이션 할 수 있는 데이터로 변환해요.

❹ 시뮬레이션 작업 : 3D스캐너를 통해 입력된 정보를 활용해서 복원에 필요한 부분을 그려요.

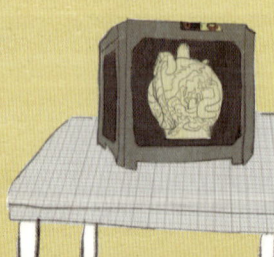

❺ 3D프린팅 : 시뮬레이션을 통해 생성된 데이터를 3D프린터를 이용해 실물 형태로 출력해요.

모습으로 바뀌는 것이지요.

　이 복원이 특히 더 가치 있는 이유는 바로 3D기술의 활용에 있습니다. 보존과학자들의 장인 정신에 첨단 기술까지 더해졌으니까요. 앞으로 과학 기술이 더욱 발전하면 더 많은 유물이나 문화재 등을 복원할 수 있을 겁니다.

아는 만큼 보인다!

❷ 소성물 문화재 이야기

도자기 품질은 흙이 좌우한다

도자기는 변형시키면 모양을 그대로 유지하는 흙, 즉 점토를 이용해 만든 그릇이에요. 우리나라에는 질 좋은 점토가 아주 많이 나서 그릇이나 도구를 만드는 기술이 크게 발전할 수 있었어요. 구석기 시대 토기부터 세계적인 명품인 고려청자나 조선백자 등으로 점점 발전했어요.

도자기의 종류에는 뭐가 있을까?

도자기는 흙을 굽는 온도나 유약 사용 여부 등에 따라 종류가 나눠져요. 가장 오래전에 만들어진 도자기는 '토기'로, 빗살무늬 토기와 민무늬 토기 등이 해당되지요. 표면은 유약을 바르지 않은 적갈색으로, 우리나라에서는 흔히 '질그릇'으로 불려요. 그 외에도 세면대나 욕조 등에 주로 쓰이는 '도기', 돌처럼 강도가 단단한 '석기', 아주 높은 온도에서 굽는 '자기'가 있어요.

빗살무늬 토기

지식 PLUS

소성물 문화재

훼손 원인

　소성물 문화재란 불에 구워서 만든 토기나 자기 문화재를 말해요. 대부분 땅속이나 바닷속에 묻혀 있다가 발굴되기 때문에, 발굴 당시에 급격한 **기후**와 **온도** 변화 때문에 훼손되는 경우가 많아요. 따라서 늘 유물의 주변 환경을 발굴 전의 상태 그대로 유지해야 해요. 또한 소성물 문화재는 **외부 충격**에 약해요. 물리적인 힘이나 충격에 의해 깨지거나 부서지는 경우가 많아 특히 주의해야 해요.

복원 및 보존 처리법

　보존 처리를 위해 가장 먼저 해야 할 일은 유물의 상태를 꼼꼼히 **분석**하는 거예요. 도자기의 외관, 재질, 구조 파악을 위해 X선 촬영, 현미경 관찰 등 여러 기술이 동원돼요. 분석 후에는 **해체**하고, 각종 용액과 도구를 이용해 **이물질**을 제거해요. 그다음은 떨어진 조각들을 붙이는 **접합** 작업을 해요. 대개 둥근 형태이기 때문에 형태를 잘 고정시키고, **색 맞춤**으로 마무리해요.

보존과학의 비밀

{ 3장 }

과연 이 모든 게 **황금**일까?

01 순금 경판이 도금 경판으로 바뀐 이유

02 '잔무늬 거울'의 비밀을 풀다

03 칼은 청동, 칼집은 나무인 '칠초동검'

01

순금 경판이
도금 경판으로 바뀐 이유

　이번에는 '은제 도금 금강경'에 대해 이야기하려 합니다. 이름이 낯설지요? 이름 중에 '금강'은 금강석, 곧 다이아몬드를 말합니다. 광물 중에서 가장 빛나고 단단한 것이 바로 다이아몬드이지요. 불교에서는 이 금강석을 부처님의 가르침, 반야의 지혜로 비유합니다. 따라서 '금강경'이라는 것은 지혜를 모아 열심히 수행하면 부처님이 될 수 있다는 가르침을 적어 놓은 경판이 되겠네요.
　그런 경판에 전혀 상상하지 못했던 비밀이 숨겨져 있었다고 합니다. 무슨 일이 있던 걸까요?

석탑 안에서 나온 사리장엄구

'사리장엄구'라는 말도 참 낯설지요? '사리'는 부처님이나 훌륭한 스님들이 불도를 수행한 결과로 생기는 구슬 같은 모양의 유골입니다. 사리장엄구는 사리를 넣는 사리함과 사리병과 같은 부장품을 넣는 상자 또는 항아리 모양의 함을 가리킵니다.

은제 도금 금강경 외함

은제 도금 금강경 내함

사진 속 유물들은 1965년, 전라북도 익산시에 있는 왕궁리 오층석탑을 보수하기 위해 해체하는 과정에서 나온 사리장엄구입니다. 어느 시대의 사리장엄구인지 아직도 의견이 분분하지만, 백제 무왕 때라는 것이 대체적인 의견입니다. 은제 도금 금강경이 들어 있던 이 사리장엄구 일체는 현재 국보 제123호로 지정되어 있습니다.

사리장엄구 안에는 칠이 벗겨진

은제 도금 금강경

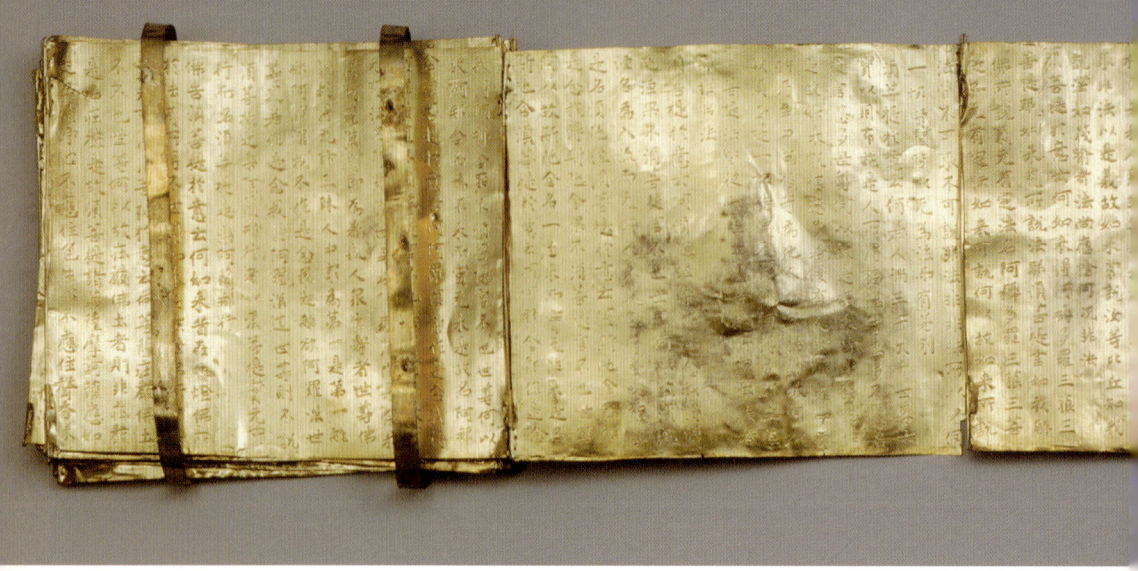

외함과 내함이라 불리는 금색 상자가 들어 있었습니다. 이 상자 안에 바로 은제 도금 금강경이 담겨 있던 것입니다. 금강경은 가로 약 17㎝, 세로 15㎝, 두께 0.15㎜의 경판 19장으로 구성되었고, 양쪽에 경첩을 달아 전체가 두 개의 금줄로 묶여 있었습니다. 놀랍게도 금강경의 각 면에는 17행으로 글자가 쓰여 있었고요. 새겨진 글자들은 아주 작고 정교했으며 심지어 크기까지 일정했답니다.

순금이 아니라 도금임을 밝혀내다

발견 당시 금강경은 세상을 깜짝 놀라게 했습니다. 상자도

은제 도금 금강경

순금, 경판도 순금으로 만들어진 엄청난 불경이 등장했다고 생각했으니까요. 모두들 의심 없이 순금으로 된 경판이라고 믿었습니다. 이제껏 전 세계 어디에서도 순금으로 된 경판은 발견된 적이 없었습니다.

그런데 2006년 어느 날, 보존과학자들은 금강경에서 액체로 된 수은이 미세하게 흘러나오는 것을 발견했습니다. 수은이 나온다는 것은 곧 순금이 아니라는 것을 뜻합니다. 겉보기에 금이니 도금을 했다는 게 되고요. 즉 순금 경판이 아닌 도금 경판이었던 것입니다.

보존과학자들은 경판의 성분 분석에 들어갔습니다. 각종 기계와 도구를 이용해 이곳저곳 꼼꼼히 살폈지요. 분석 결과, 금강경은 은판으로 이루어져 있었고, 금강경 위에는 도금이 되어 있었습니다. 도금된 금의 순도는 16~18K였습니다. 여기서 'K'는 순금의 함유량을 말하는 것으로 숫자가 높을수록 순금에 가까움을 의미합니다. 100% 순금이 24K이니, 16~18K이면 순도가 꽤 높은 편입니다.

그렇다면 왜 순금이 아닌 도금을 한 걸까요? 그건 바로 금보다 가벼운 수은과 은을 사용해 경판의 전체 무게를 줄이면서 글자를 보다 쉽게 새기고, 보관의 편의성을 높이기 위한 의도

라고 추측됩니다.

  은제 도금 금강경은 비록 세계 최초 순금 경판이라는 상징을 잃고 도금 경판이 되었지만, 그렇다고 문화재로서의 가치가 떨어진 것은 아닙니다. 그보다 더 중요한 것은 뒤늦게라도 정확한 사실을 밝혀냈다는 것이 아닐까요?

02

'잔무늬 거울'의 비밀을 풀다

'잔무늬 거울'에 대해 들어 본 적 있나요? 이름만 듣고도 작은 무늬가 새겨진 거울이라는 것을 눈치챘을 겁니다. 예전에는 '다뉴세문경'이라는 이름으로 불리기도 했답니다. 말이 참 어렵지요? 쉽게 풀면 끈으로 묶을 수 있는 '뉴'라는 고리가 여러 개 달려 있는 세밀한 무늬의 거울이라는 뜻입니다.

 잔무늬 거울이 특히 주목받는 이유는 거울에 새겨진 바로 그 세밀한 무늬 때문입니다. 게다가 이 거울은 그냥 거울이 아니라 청동으로 만들어졌습니다. 청동기 시대인 고조선의 대표적인 유물이지요.

거울에 새겨진 놀라운 무늬들

청동기 시대에도 거울이 있었다니 믿기 어렵지요? 물론 요즘처럼 유리로 만든 선명한 거울은 아닙니다. 구리와 주석을 섞어 만든 청동 거울이니까요. 그러나 최근 보존과학 기술로 되살려 낸 잔무늬 거울은 현대의 거울만큼이나 기술성과 예술성이 뛰어납니다. 그 가치가 인정되어 1971년, 국보 제141호로 지정되었습니다.

이 잔무늬 거울이 처음 발견된 것은 1960년대입니다. 충청남도 논산시 연무동에서 출토되었습니다. 당시 청동으로 된 여러 가지 방울, 특히 여덟 방향으로 갈라진 방울인 '팔주령' 등이 함께 발견되었습니다. 청동 유물 여러 가지가 한곳에서 한꺼번에 발견된 것으로 보아, 일상생활에서 쓰였다기보다는 특별한 의식을 치를 때 사용한 의례용 도구라고 추정됩니다.

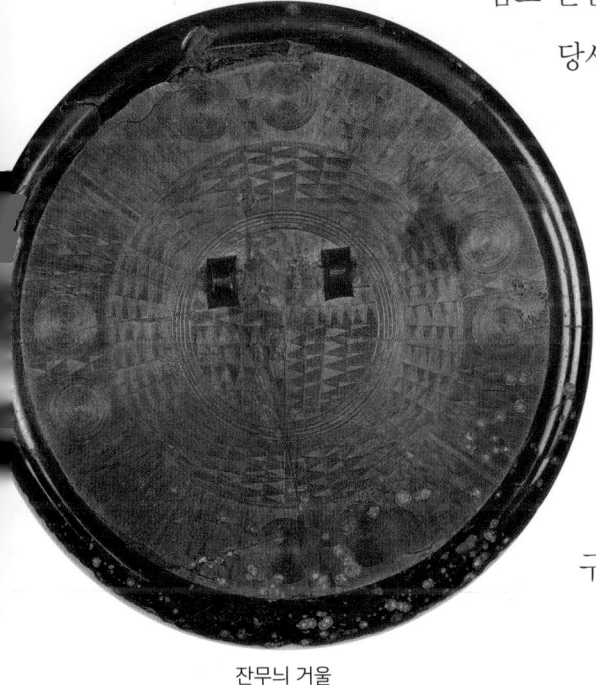
잔무늬 거울

이 잔무늬 거울은 다른 청동 거울과 눈에 띄는 차이점이 있습니다. 단순히 투박하게 만들어진 것이 아닌, 바로 선과 선이 특이한 모양으로 나열되어 있다는 것이지요. 조금 더 자세히 들여다볼까요?

　거울의 지름은 약 21㎝입니다. 거울로 사용하는 면의 반대쪽에는 두 개의 고리가 달려 있습니다. 끈으로 매달 수 있게 만들어진 이것이 바로 뉴입니다. 두 개의 뉴를 제외하면

잔무늬 거울 확대 모습

나머지는 다양한 문양이 일정하게 배열되어 있는데, 마치 선들을 이용하여 도형을 만든 것처럼 보입니다. 이런 무늬를 '기하학무늬'라고 부릅니다.

거울 위에 얇은 선이 엄청 많지요? 확대한 사진을 보면 정말 놀랍도록 정교한 선이 그려져 있습니다. 놀라기에는 아직 이릅니다. 약 21㎝의 지름, 그 좁은 공간 안에 자그마치 1만 3천여 개가 넘는 선과 100여 개의 원이 새겨져 있다고 합니다. 선과 선 사이의 거리는 불과 0.3㎜이고요. 오늘날의 기술로도 만들기 쉽지 않을 정도입니다.

정밀 분석으로 병을 찾아내다

이렇게 세밀한 기하학무늬가 새겨진 청동 거울은 우리나라에만 존재합니다. 그런데 이 소중한 문화재가 처음 보존 처리를 한 지 수십 년이 지나자 시름시름 앓기 시작했습니다. 인공으로 만든 접착제를 사용하고 시간이 오래 흘렀으니 어쩔 수 없는 결과이지요.

잔무늬 거울은 2000년대 중반, 한 대학 박물관에서 정밀 조사를 받았습니다. 살펴보니 접착제가 오래되어 접합 부위가 떨

어지고 아래위 두 개의 편으로 나뉜 상태였습니다. 처음 보존 처리 당시 여러 개의 편으로 깨어져 있던 것을 접착제를 이용해 붙여 놓았기 때문입니다.

그리고 박물관에서 보관되던 중 온도 변화로 인해 접합 부분이 점점 검게 변해 갔습니다. 뉴 주변에 아직 제거하지 못한 흙도 미세하게 남아 있었고, 복원재가 하얗게 드러나기도 했으며, 구리가 드러난 부분도 있었습니다. 거울 면에는 긁힌 자국과 스티커 자국까지 남아 있었고요.

조금 더 정확한 진단을 위해 X선을 활용했습니다. 그 결과,

잔무늬 거울 내부가 19개의 편으로 금이 간 채 깨져 있다는 사실이 밝혀졌습니다. 당시 접합해 놓은 부분 외에도 다시 보완할 필요가 생긴 것입니다. 결국 대학 박물관은 국립중앙박물관 보존과학실에 복원과 보존 처리를 의뢰했습니다.

국립중앙박물관 보존과학자들은 2007년 7월부터 1년여에 걸쳐 작업에 들어갔습니다. 제일 먼저 한 일은 이물질을 깨끗이 제거하고, 약품을 이용해 접합부를 분리한 것입니다. 본래 사용된 접착제는 오래된 탓인지 거울에서 잘 떨어지지 않아, 현미경을 동원해 바늘과 칼 등으로 하나하나 떼어 냈습니다. 이후에는 녹을 방지하기 위해 특수 용액에 조각들을 담갔다가 꺼내 건조시켰습니다.

과학으로도 풀지 못한 비밀

이제 보존 처리를 할 차례입니다. 19개로 금이 간 편을 다시 접합해 오래 유지될 수 있도록 고정시켜야 했지요. 접합제로는 일반적으로 많이 사용되는 에폭시 수지를 사용하였으며, 문양에 흐트러짐이 없도록 정확하게 맞추기 위해 현미경을 통해 작업했습니다.

보존 처리는 여기서 끝이 아닙니다. 떨어져 없어진 부분을 복원하는 단계가 아직 남아 있으니까요. 거푸집을 만들고 특수 재료를 넣어 조각을 만들어 내야 합니다. 그 조각을 빈 부분에 채워 넣어야만 잔무늬 거울에 대한 복원과 보존 처리가 비로소 마무리됩니다.

보존과학자들은 작업을 진행하며 잔무늬 거울의 제작 비밀도 밝혀 낼 수 있었습니다. 거울이 처음 만들어졌던 청동기 시대에 사용했던 구리와 주석의 비율, 모래를 이용해 거푸집이 만들어졌다는 사실, 당시 문양을 그리는 방법 등입니다. 이외에도 각각의 선과 원이 어떤 순서로 그려졌는지에 대해서도 알아냈습니다.

하지만 아직 풀지 못한 수수께끼가 많이 남았습니다. 잔무늬 거울 복원에 도전했던 한 장인은 '도무지 사람이 만든 솜씨가 아니다'라고 혀를 내두르며 제작 기술에 대한 존경심을 드러내기도 했습니다. 이것은 곧 잔무늬 거울이 단순한 거울이 아니라 뛰어난 예술 작품임을 뜻하는 게 아닐까요?

03

칼은 청동, 칼집은 나무인 '칠초동검'

주로 무기로 쓰이는 긴 칼을 '검'이라고 합니다. 검은 아주 오래전부터 우리나라 전역에서 많이 출토되었습니다. 그중에서 가장 대표적인 것이 청동기 시대에 많이 사용했던 '동검'입니다. 동검은 청동으로 만들어진 검을 말합니다.

지금부터 살펴볼 '칠초동검'은 칼 부분은 청동으로, 칼집 부분은 나무로 만들어 옻칠되어 있는 특이한 칼입니다. 칼도 칼집도 청동이나 쇠로 만들어진 게 일반적인데 말이에요. 아마도 실제 칼의 용도로 쓰였다기보다는, 높은 지위의 사람이 자신의 권위를 나타내기 위해 장식용으로 만든 게 아닐까 추측합니다.

아니면 후대에 자신의 권위를 보여 주기 위해 애초부터 무덤 속 부장품으로 만들어졌을 수도 있겠네요.

옻의 중심지에서 발견되다

칠초동검은 지금으로부터 약 30여 년 전, 경상남도 창원시 동면 다호리에서 출토되었습니다. 다호리 북쪽에는 철새 도래지로 유명한 주남저수지와 낙동강이 있습니다. 저수지와 강이 가까이 있다는 것은 사람이 살기 좋은 곳이라는 뜻입니다. 모든 인류 문명이 강을 끼고 일어난 것처럼요.

이런 지리적 환경을 가진 다호리의 논밭에서 기원전 1세기, 그러니까 지금으로부터 약 2천여 년 전의 유물들이 다량으로 발굴되었습니다. 1988년부터 10여 년에 걸쳐 발굴되었고, 발굴 장소는 대부분 묘지였습니다. 신분이 높은 사람들의 묘로, 그 수가 70여 기가 넘었지요.

이 가운데 특히 눈에 띄는 유물이 바로 '칠기'였습니다. '나전 칠기'에 대해 들어 봤나요? 나무 상자 등에 옻칠을 하고 그 위에 조개껍데기를 아름다

나전 칠기 함

운 모양으로 붙인 것입니다. 즉 칠기란 어떤 도구나 용기에 옻칠한 것을 말합니다. 옻칠을 하는 이유는 윤기를 내고 방수를 하기 위해서입니다. 병충해를 막아서 나무를 오래 보관할 수도 있고요.

다호리는 고대 옻칠의 중심지였습니다. 다호리 유적에서 옻칠한 유물들이 아주 많이 출토되었기 때문입니다. 그리고 옻칠 유물 중에서 빼놓을 수 없는 것이 바로 칠초동검입니다.

과학으로 분리해 낸 동검과 칼집

다호리에서 유물을 발굴하던 발굴원들은 통나무를 깎아 만든 관을 발견했습니다. 이어 관 밑에서 또 다른 대나무 상자와 유물들이 나와 모두 감탄을 금치 못했지요. 2천여 년 전의 무덤 안에서 칼 길이 약 61㎝, 칼집 길이 47㎝의 멋진 칼을 발견하리라고는 생각지 못했으니까요.

발굴원들은 아주 조심스럽게 칠초동검을 들어냈습니다. 칼집을 자세히 보니 검은 옻칠이 되어 있고, 반달형의 나무 두 개를 마주 붙인 모습이었습니다. 전체적인 칼의 단면은 볼록 렌즈 모양이었으며, 칼집 중간에는 청동으로 만든 띠가 둘러 있었습니다. 이 청동 띠가 바로 반달형의 나무 2개를 벌어지지 않게 고정하는 역할을 하고 있었지요.

안타까운 것은 발굴된 상태 그대로는 칼과 칼집을 분리할 수 없다는 점이었습니다. 오랜 세월 동안 관의 무게에 짓눌려 옻칠된 부분에 변형이 생겼고 깨지고 금 간 곳도 있었습니다. 결국 칠초동검은 발굴되자마자 곧바로 국립중앙박물관 보존과학실로 옮겨졌습니다. 그리고 상자에 담겨 보관되었습니다.

그런 칠초동검이 다시 빛을 보게 된 것은 발굴 후 20여 년이 지난 2008년이었습니다. 복원과 보존 처리를 위해 가장 먼저 해야 할 일은 유물의 상태를 분석하는 것이지요? 보존과학자들은 X선 촬영 등을 통해 칠초동검의 상태를 꼼꼼히 살폈습니다. 다행히 칠초동검은 생각보다 훨씬 양호한 상태였습니다.

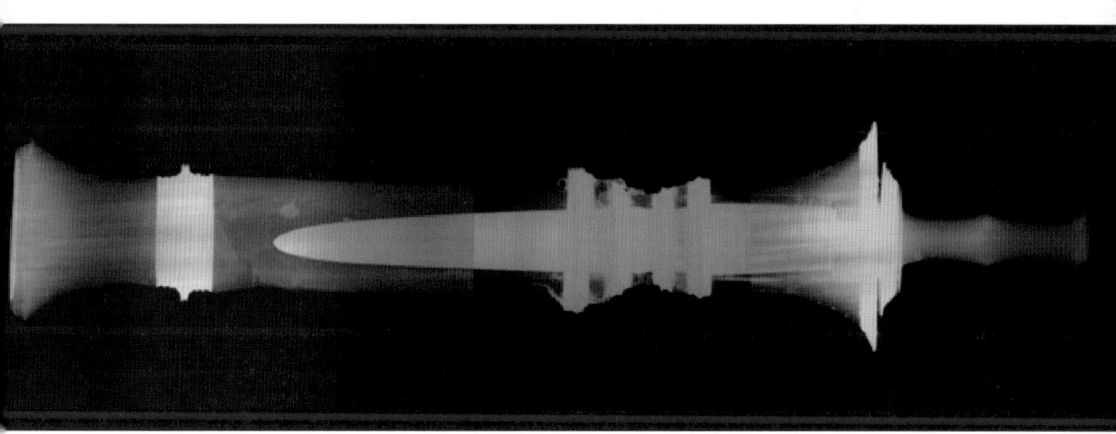

칠초동검 X선 촬영본

칠초동검 보존 처리 전후

핵심은 옻칠이 된 칼집에서 칼을 말끔히 분리하는 것이었습니다. 어느 유물이든 마찬가지지만, 작업 시 가장 중요한 부분 중 하나가 바로 유물에서 수분을 제거하는 것입니다. 특히 목재의 경우는 잘못 건조하면 모양이 틀어질 가능성이 높아집니다. 칠초동검도 마찬가지였습니다. 칼집 안에 수분을 어떻게 제거하느냐가 관건이었습니다.

보존과학자들은 일반적으로 사용되는 자극성 강한 건조 용액 대신 특수한 용액을 사용했습니다. 용액은 옻칠에 영향을 주지 않고 자극성이 적은 성분이었습니다. 그래야만 옻칠되어 있는 칼집에 상처를 주지 않고, 금속으로 된 동검 부분에도 손상이 가지 않기 때문입니다. 그런 특수 용액에 유물 전체를 담갔고, 진공 처리하여 영하 70도로 얼린 후 분리했습니다.

그런 과정을 통해 칠초동검은 상처 입은 부분 없이 원형 그대로 복원될 수 있었습니다. 보존 처리가 완료된 칠초동검을 보세요. 만들어진 지 2천 년도 훨씬 더 지난 유물이라고는 믿기지 않지요?

아는 만큼 보인다!

❸ 금속 문화재 이야기

신라는 황금의 나라

흔히 신라를 '황금의 나라'라고 불러요. 그 이유는 무엇일까요? 1921년 경북 경주시 노서동 봉황대 옆의 주막 뒤뜰에서 세계를 깜짝 놀라게 할 물건이 출토되었어요. 바로 얇디얇은 금판으로 만들어진 금관이었죠. 금관이 발굴되었다고 해서 그곳은 '금관총'으로 불리고 있어요. 이외에도 1973년 '천마총'에서 금관을 비롯해 금관을 장식하는 다양한 모양의 금속 유물이 출토되었어요. 이렇듯 여러 왕릉에서 금속 유물이 발굴됨으로써 신라가 황금의 나라로 불리게 된 거예요.

금속 문화재의 종류

금속 문화재는 말 그대로 금속으로 만들어진 문화재를 말해요. 금관, 금속 활자, 청동 거울, 은수저, 철갑, 철검, 화살촉 등이 해당되지요.
인류 문명의 발전이 석기 시대를 거쳐 청동기, 철기 시대로 넘어갔기 때문에 가장 다양하고, 가장 많이 발굴되는 것이 금속 문화재예요. 지금도 곳곳에서 출토되고 있어요.

동경은 진짜 거울일까?

'동경'은 구리로 만든 거울이에요. 그런데 박물관에 전시된 동경을 보면 사물이 잘 비추어지지 않아요. 사실 동경은 청동기 시대 후반에 만들어진 것으로, 거울이라기보다는 하늘에 제사를 지낼 때 사용하는 도구였다고 해요. 마을을 다스리는 제사장이 주로 사용했으며 상류층의 전유물이었답니다. 하지만 삼국 시대에 접어들면서 장식과 실제 거울로서의 역할을 하게 되었고, 고려 시대에는 대량 생산 기술이 발달해 실생활에도 많이 사용되었다고 해요.

92

지식 PLUS

금속 문화재

훼손 원인

금속 문화재는 금, 은, 구리 등과 같이 순금속으로 이루어진 것도 있고, 납이나 아연 등이 섞여 합금으로 이루어진 것도 있어요. 금속 문화재는 발굴 전부터 땅속에서 **녹슬고 부식**되어 심한 경우 이미 모래처럼 부스러져 있기도 해요. 단단해 보이는 금속류도 흙 속에 있는 **미생물**에는 꼼짝 못 하는 거예요. 지상에 있는 금속 문화재라고 해서 모두 안전한 건 아니에요. 공기 중에 **먼지**와 **습기**만으로도 시간이 지나면 녹슬게 돼요.

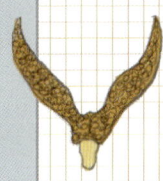

복원 및 보존 처리법

금속 문화재 역시 상태를 분석하고 이물질을 제거하는 일반적인 작업 과정을 거쳐요. 하지만 그후 **부식 억제**와 **강화 처리** 과정이 조금 특별해요. 일단 산소나 수분 등 유물을 부식시키는 것과의 접촉을 막기 위해 **특수 용액**을 유물 표면에 골고루 발라요. 이어 아크릴 수지에 문화재를 담가 **강화 처리**를 해요. 그 과정을 거쳐야만 유물을 변형 없이 오래 지킬 수 있어요.

보존과학의 비밀

{ 4장 }

깎고
다듬는 것도
중요하지만

01 ──────── **02** ──────── **03**

해체 전 상태까지만 　　보존과학의 표본 　　금송으로 복원한
복원된 '미륵사지 석탑' 　　'해인사 장경판전' 　　'무령왕과 왕비의 목관'

01

해체 전 상태까지만 복원된 '미륵사지 석탑'

   국보 제11호인 '미륵사지 석탑'은 우리나라 석탑 중 가장 웅장하고 규모가 큽니다. 백제 무왕 때 세워졌으니 만들어진 지 1400여 년이나 지났네요. 미륵사지 석탑이 유명한 이유는 그 역사가 오래된 점뿐만 아니라, 백제 최대의 걸작이라고 할 만큼 아름답고 정교한 외관 때문입니다.

   미륵사는 화려하고 웅장한 사찰이었습니다. 그러나 조선 중기인 1600년대에 사라지고, 허물어진 모습의 서쪽 석탑만 남게 되었지요. 소실되었던 동쪽 석탑은 1993년에 먼저 복원되었고, 문제의 서탑은 두 차례에 걸쳐 복원 작업이 있었습니다.

일제가 복원한 미륵사지 석탑

　　　일제 강점기 때 우리나라를 지배하고 있던 일본은 식민지 조선의 문화를 살린다느니 첨단 기술을 보여 준다느니 하며 나름대로 복원을 시작했습니다. 문제는 석재가 무너지고 사라진 빈 공간을 시멘트로 발라 버렸다는 점입니다. 사진만 봐도 의아함이 생기지요? 석탑은 불과 1990년대 중반까지만 해도 사진과 같은 모습이었습니다. 비록 시멘트로 발라져 아름답지 못했지만, 그렇다고 재복원에 대해서는 전문가들도 섣불리 말을 꺼내지 못하고 있었지요. 탑은 그 상태로 오랜 세월 비바람을 맞아야 했습니다.

그러던 1998년, 문화재청의 안전 진단에서 현재 탑의 구조가 언제 쓰러질지 모르는 위험한 상태라는 결과가 나왔습니다. 많은 전문가들이 모여 회의한 결과, 해체 후 재복원을 하자는 쪽으로 의견이 모아졌습니다. 작업은 국립문화재연구소에서 담당하기로, 기간은 2000년부터 2018년에 걸쳐 마무리하는 것으로 결정되었습니다.

탑을 해체하는 데만 장장 10여 년의 시간이 걸릴 정도로 쉽지 않은 작업이었습니다. 그 과정에서 탑의 가운데 기둥에 보관되어 있던 사리장엄구가 발견되어 세상을 깜짝 놀라게 했습니다. 그것을 통해 미륵사의 창건 기록이 확인되었고요. 미륵사가 지어진 시기는 백제 무왕 때이며, 백제 왕실과 백성들의 안녕을 빌기 위한 호국 사찰로써 지어졌다는 것이 정확하게 밝혀진 것입니다. 이때 발굴된 다양한 유물들은 동아시아를 비롯해 백제 역사 연구에 큰 도움을 주었습니다.

보존과학자들은 해체를 시작하며 이런 모든 과정을 낱낱이 기록하고 사진으로 찍어 두었습니다. 덕분에 작업의 정확성이 높아졌답니다.

복원 작업은 철저한 준비부터

해체된 돌들은 복원이 완료될 때까지 그대로 보관만 되는 걸까요? 그렇지 않습니다. 해체하기 전 미륵사지 석탑은 자그마치 1400여 년 동안 비바람을 맞으며 한자리에 서 있었습니다. 아무리 단단한 물질이라도 오랫동안 외부에 노출되어 있으면 그만큼 상처를 입을 수밖에 없지요. 여기저기 금이 가는 것은 물론이고, 비바람이나 먼지로 인해 색이 변하기도 합니다. 또

미륵사지 석탑 복원 작업 현장

한 미생물과 곤충에 의해 손상을 입기도 하고, 수많은 오염물이 겉에 켜켜이 붙기도 하지요.

그러니 해체한 돌은 가장 먼저 물이나 수증기, 바람으로 오염 물질을 제거해야 합니다. 이런 방법으로도 제거되지 않는 것은 기계를 이용합니다. 이때 중요한 것은 절대로 유물에 상처를 주지 않아야 한다는 점입니다. 단단한 돌이라고 해도 무리한 방법으로 세척하면 상처가 남을 수 있으니까요.

물론 해체된 돌 중에는 이미 상처가 나 있는 것들이 많습니다. 그 경우에는 금속 핀을 삽입해서 고정시키고, 에폭시 수지를 이용해서 단단히 붙여 다시 사용하게 됩니다. 이 과정에서 오래된 돌의 경우에는 전체적인 색감을 맞춰 주는 것도 중요합니다. 아크릴 물감을 이용해 돌의 풍화 정도에 맞춰 몇 번에 걸쳐 덧칠합니다.

거기에 더해 보존과학자들은 완벽한 복원을 위해 원래 석탑이 있던 곳의 주변 환경 조사를 실시했습니다. 석탑 주변의 온도와 습도, 바람의 방향과 속도, 비와 눈의 변화까지 다양한 방면에서 꼼꼼하게 조사했지요. 그리고 복원에 사용될 돌 조각이 필요한 경우에는 석탑이 있던 곳 인근의 산에서 찾는 노력도 했습니다.

해체 전 상태까지만 복원하는 이유

보존과학자들과 석공들의 꼼꼼하고 완벽한 준비 덕분에 미륵사지 석탑이 드디어 복원되었습니다. 즉 일제가 복원을 한다고 시멘트를 발라 놓기 이전의 모습으로 돌려놓은 것입니다. 국립문화재연구소가 이렇게 해체 전과 같은 상태까지만 복원한 데에는 이유가 있습니다.

앞서 살펴본 문화재들의 경우에는, 첨단 기술을 이용해서라도 완벽에 가까운 모습으로 복원하는 경우가 많았습니다. 그러나 미륵사지 석탑의 경우에는 본래 정확하게 몇 층이었는지, 어떤 공법으로 쌓았는지, 전체적인 모습이 어땠는지에 대해서

복원 작업을 마친 미륵사지 석탑

그림으로 보는 보존처리 미륵사지 석탑

❶ 오염물 제거 : 유물이 손상되지 않게 주의하며, 겉에 붙은 오염물을 제거해요.

❷ 보강재 삽입 : 보강재가 꼭 필요한 곳에는 삽입해서 내구성을 높여요.

❸ 접착제 주사 : 파손되거나 균열이 심한 부분에 에폭시 수지를 주사해요.

❹ 보형물 가공 : 형태적 보완이 필요한 곳에 알맞은 보형물을 만들어 붙여요. 기존에 남아 있던 부분과 자연스럽게 어울리도록 제작해요.

❺ 표면 정리 : 무기질 재료를 이용해 표면의 질감을 자연스럽게 정리해요. 아크릴 물감으로 색상을 맞추기도 해요.

확실히 알 수 없기 때문입니다. 관련 기록이나 그림이 남아 있지 않으니 추측만으로 완전히 복원해 내기에는 무리인 것이지요. 정확한 기록도 없이 상상에 의존해 탑을 쌓아 올리는 것은 의미가 없지 않을까요?

2019년 봄, 미륵사지 석탑은 늠름한 모습으로 다시 하늘을 보고 우뚝 섰습니다. 예전의 모습과 달라진 게 거의 없다고 실망할지도 모르지만, 보존과학은 본래의 모습 그대로를 복원해 내는 것에 그 가치가 있습니다. 이제 미륵사지 석탑 본래의 아름다움을 찾았으니, 그 모습을 잘 보호하여 후세에 오래도록 전해지면 좋겠습니다.

잠깐!
석조 문화재 보존 처리 작업에는 쇠망치처럼 단단한 도구가 사용돼요.

02

보존과학의 표본
'해인사 장경판전'

    모두 '팔만대장경'에 대해서는 한 번쯤 들어 봤을 겁니다. 고려 시대에 부처님의 힘으로 몽골을 물리치고자 하는 염원에서 장장 16년에 걸쳐 만들어진 경전입니다. 경판의 수가 8만여 장이 넘는다고 해서 지금의 이름이 붙었지요. 고려 시대에 만들어져 '고려대장경'으로도 불립니다.

    이 팔만대장경이 보관되어 있는 곳이 바로 국보 제52호인 해인사의 '장경판전'입니다. 경상남도 합천군 가야산에 자리하고 있는 해인사는 통일 신라 시대부터 이어져 온 고즈넉하고 아름다운 사찰입니다. 장경판전은 그 안에 있는 전각이고요.

조상들의 정성이 담긴 팔만대장경

불교가 우리나라에 처음 도입된 것은 삼국 시대 때입니다. 신라의 경우 부처님의 나라로 불릴 정도였고, 고려 또한 불교를 나라의 근본으로 삼았습니다. 그러다 보니 전쟁이 일어나거나 나라에 좋지 않은 일이 생길 때면 부처님께 소원을 비는 경우가 많았답니다. 팔만대장경도 그런 의미에서 만들어진 것이고요.

팔만대장경은 무엇보다 외적의 침략을 막기 위한 것이 가장 큰 목적이었습니다. 그러니 하나하나 허투루 만들 수가 없었습

해인사 전경

팔만대장경 목판본

니다. 그 염원이 담겨서 인지 경판의 크기며 목판 안에 담긴 글자 수, 서체 등이 마치 한 사람이 작업한 것처럼 통일성을 갖추고 있답니다. 흔히 팔만대장경을 예술 작품에 비유할 정도입니다.

뿐만 아니라 팔만대장경을 제작할 때 사용했던 나무도 자그마치 10여 종이나 된다고 합니다. 이 가운데 가장 많이 사용한 나무가 산벚나무와 거제수나무 그리고 돌배나무입니다. 이런 나무들은 대부분 느리게 자라고, 그만큼 재질이 단단합니다. 나무에 글자를 곧게 새기기 위해서는 단단한 재질의 나무가 좋습니다.

아무래도 대장경을 만들던 고려 사람들은 과학적 지식이 대

단했던 것 같습니다. 왜냐고요? 먼저 나무가 뒤틀리거나 썩는 것을 막기 위해, 작업을 시작하기 전부터 통나무를 잘라 3년간 바닷물에 담가 두었습니다. 그런 다음에야 일정한 크기로 잘랐고, 그것을 다시 소금물에 삶은 뒤 그늘에서 오랫동안 말렸습니다. 꼼꼼하게 밑작업을 거친 다음에야 비로소 글자를 새겨 넣었던 것입니다.

거기에 더해 글자를 다 새긴 뒤에는 겉에 옻칠을 했습니다. 옻에 대해서는 앞서 설명한 적 있지요? 옻은 습기와 벌레의 접근을 막고 오랫동안 보존하기 위한 목적으로 사용됩니다. 경판 양쪽 끝에는 나무로 된 마구리도 덧댔습니다. 경판을 운반하거나 사용할 때 내용이 닳지 않게 한 것입니다.

우리 조상들의 지혜가 정말 대단하지요? 이런 지혜와 정성이 곁들여졌기에 우리가 지금까지도 생생한 상태의 팔만대장경을 만날 수 있는 겁니다.

조상들이 보여 준 보존과학

지금부터는 우리 조상들이 보여 준 보존과학의 지혜와 슬기에 대해 이야기하려 합니다. 바로 8만 장이 넘는 목판이 어떻

장경판전 내부

게 지금까지 온전하게 보존되었는지에 대한 거지요. 목조 문화재는 시간이 흐르면 온도 변화나 해충의 공격에 의해 갈라지고 쪼개지거나 부서지기도 하는 등 손상을 입기 아주 쉽습니다. 그런데 해인사 장경판전 안에 보관되어 있는 팔만대장경 목판은 어떻게 수백 년이 지났는데도 그대로인 걸까요?

정답부터 말하자면 조상들이 보존과학적 요소를 이미 꿰뚫고 있었기 때문이라고 할 수 있습니다. 사실 장경판전의 외관은 그리 특별하지 않습니다. 여느 전각처럼 화려한 단청조차 없지요. 하지만 신라 때 창건 이후 해인사에 여러 차례 불이 났

음에도, 유일하게 피해를 입지 않고 500년 넘게 그대로 보존된 건물이 바로 이 장경판전입니다.

다른 전각들은 다 불에 탔는데 장경판전만 온전하다니 신기하지요? 그 이유는 장경판전이 다른 건물들과 거리가 떨어져 있기 때문입니다. 대웅전 건물보다도 훨씬 높은 곳에 지어졌고, 사방에 담장까지 둘러져 있습니다. 불이 옮겨 붙을 확률이 그만큼 적은 것이지요.

장경판전에 숨은 또 다른 보존과학 요소는 무엇일까요? 바로 창문입니다. 장경판전 건물이 있는 전각으로 올라가면 가장 먼저 보이는 것이 회벽과 여러 개의 창입니다. 창에는 여러 개의 나무 창살이 있는데, 적당한 햇빛과 바람이 들도록 만들어진 장치입니다.

창을 자세히 살펴볼까요? 앞쪽 그러니까 남쪽의 벽은 아래쪽 창이 크고 위쪽 창이 작은데 비해, 반대쪽 즉 북쪽은 위쪽의 창이 크고 아래쪽은 작습니다. 이렇게 만들어진 이유는 바로 공기의 순환을 위해서랍니다. 쉽게 말해 바람이 남쪽 아래의 큰 창으로 들어와 경판 사이를 돌아서, 위로 올라가 북쪽의 큰 창으로 빠져나가도록 설계된 것입니다. 바람의 순환을 유도하는 과학적 구조이지요.

이번에는 바닥을 살펴볼까요? 장경판전 안을 들여다보면 경판을 넣어 두는 곳이 바닥과 공간을 띄우고 있음을 알 수 있습니다. 경판과 바닥 사이에 빈 공간을 만들어 바람이 잘 통하도록 한 것입니다.

 게다가 이 바닥 안에 또 다른 비밀이 숨겨져 있습니다. 바닥 안을 깊게 파고 소금과 숯 그리고 횟가루를 모래와 찰흙에 섞어서 다져 놓은 점입니다.

 바닥을 이렇게 만든 이유는 빗물로부터 경판을 보호하기 위해서입니다. 비가 많이 내리는 장마철에는 이런 바닥 내부 구조가 습기를 잘 빨아들입니다. 또 비가 내리지 않을 때는 흙속에 있는 수분을 서서히 내보내게 됩니다. 즉 언제나 비슷한 습

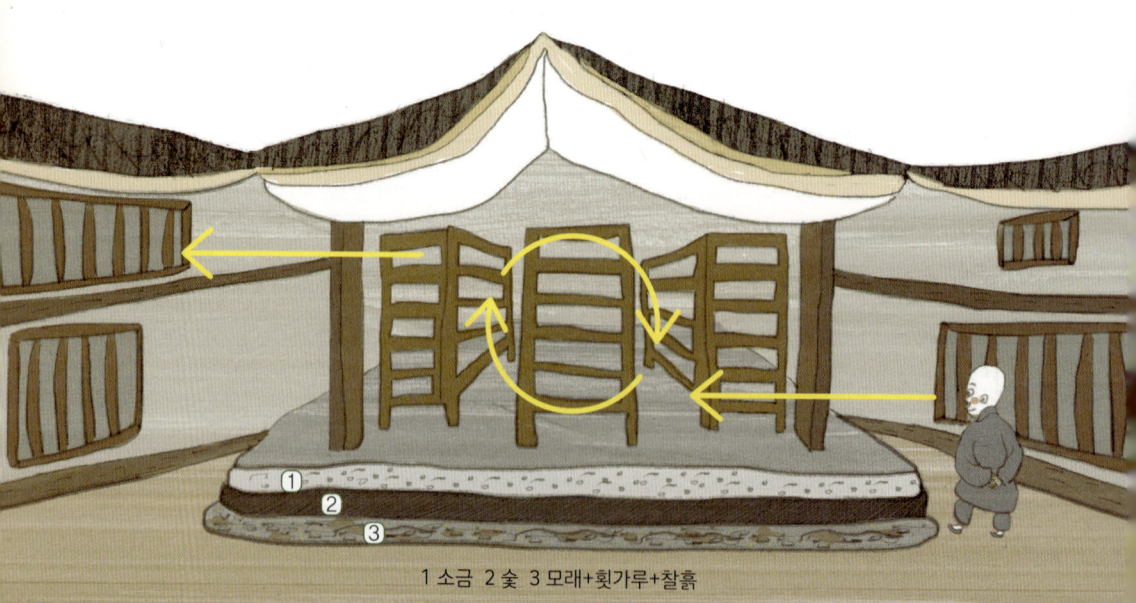

1 소금 2 숯 3 모래+횟가루+찰흙

도가 유지되는 '자동 습도 조절 장치'를 땅속에 설치한 것과 마찬가지입니다.

알면 알수록 대단하지요? 오래전 우리 조상들의 지혜가 현대의 보존과학 기술에 전혀 뒤떨어지지 않는 듯합니다.

03

무령왕릉 내부 전경

금송으로 복원한 '무령왕과 왕비의 목관'

백제의 무령왕에 대해 알고 있나요? 백제 시대에 나라 안팎으로 위상을 드높인 왕이지요. 무령왕은 백제 제25대 왕으로서 백제를 강대국으로 만들고 나라를 안정시켰으며, 중국 대륙과 일본까지 이름을 떨쳤습니다. 이번에 이야기할 문화재는 바로 그의 무덤인 '무령왕릉'에서 출토되었답니다.

백제 문화의 참모습이 담긴 무령왕릉

무령왕릉은 1971년, 충청남도 공주시에서 발견되었습니다.

무령왕릉 발굴 당시 모습

배수로 작업을 위해 땅을 파는 공사를 하다가 우연히 발견한 것이지요. 벽돌무덤에는 백제 무령왕의 무덤이라는 글자가 써 있었습니다. 경주나 부여, 공주에서 이미 신라와 백제 왕들의 많은 무덤이 발견되었지만, 이제껏 그 주인이 정확히 기록된 적은 없었답니다.

  무덤 안은 전부 벽돌로 되어 있었습니다. 안에는 왕비의 관을 비롯해 수많은 귀금속과 부장품들이 있었습니다. 부장품들을 모으니 그 양이 108종 2,906점으로 어마어마했지요. 이 가운데 현재 국보로 지정된 것만 해도 12점에 달합니다. 그중에는 우리가 이번에 살펴볼 목관이 있습니다.

'관'은 죽은 사람의 시신이 담기는 상자입니다. 그런데 무려 1500년이 넘은 왕릉 안에서 나무로 만든 관이 출토된 것입니다. 물론 오랜 시간 땅속에 있던 탓에 많이 훼손되어 완전한 모습으로 발굴되지는 못했지만요.

동시에 출토된 왕과 왕비의 목관

지금까지 우리나라 곳곳의 여러 묘에서 관이 출토되었습니다. 나무로 만들어진 것도 있고 항아리로 된 것도 있었지요. 그러나 그중에서도 무령왕릉에서 출토된 관은 특히 가치가 높게 평가됩니다.

그 이유는 능에서 왕과 왕비의 관이 동시에 출토된 것이 최초이기 때문입니다. 목관의 겉면은 물론이고 안쪽까지 장식이 되어 있었다는 점도요. 왕과 왕비의 관이라는 특별함 때문인지 병충해나 온도, 습도에 잘 견디도록 옻칠도 여러 번 되어 있었습니다.

뿐만 아니라 목관을 만들 때 사용한 나무가 국내에서 자라지 않는 특별한 나무였습니다. 그 나무에 대한 비밀은 잠시 후에 다시 이야기하도록 하고, 먼저 보존과학자들이 목관을 어떻게 복원하고 보존 처리했는지부터 살펴보겠습니다.

목관의 재료를 수습한 보존과학자들이 가장 먼저 한 일은 나무가 외부 환경에 변하지 않도록 특수 용액에 담그는 것이었습니다. 급격한 환경의 변화는 유물에 돌이킬 수 없는 큰 상처를 남기니까요. 이번에는 실제 목관은 따로 보관하고, 복원된 모양의 복제품을 새로 만들기로 결정했습니다.

보존과학자들은 실제 목관과 똑같은 모양의 관을 만들기 시작했습니다. 그러려면 위쪽이 사각형 모양이 아닌 한옥의 '맞

복원된 무령왕릉 목관

배지붕'처럼 만들어져야 했지요. 맞배지붕은 건물의 모서리에 따로 추녀를 만들지 않고 용마루와 이어지는 벽이 삼각형으로 된 지붕을 말합니다. 따라서 일반적인 네모난 관의 모양이 아닌 작고 긴 집 모양이 됩니다. 또한 관의 고리와 못 하나하나까지 원본과 똑같이 장식해 품격을 더했지요.

복원된 목관은 눈으로 보기에도 아주 두툼하고 단단한데, 안팎에 두껍게 옻칠을 한 덕분입니다. 관의 목재 모든 곳에 꼼꼼하게 칠했답니다. 그것도 한 번이 아니라 몇 번에 걸쳐서요. 시간이 흐르면서 생길 뒤틀림이나 갈라짐을 방지하고, 벌레나 미생물로부터 관을 보호하기 위해서입니다.

이런 과정에 앞서 보존과학자들은 관 목재에서 떨어진 부분을 현미경으로 성분 분석을 했습니다. 놀랍게도 나무의 세포 구조가 직사각형의 창문 모양을 하고 있었습니다. 세포가 이런 구조인 나무는 세상에 단 하나밖에 없습니다. 그것은 바로 '금송'이라는 소나무지요.

일본산 금송으로 복원한 목관

앞서 특별한 나무에 대한 비밀을 이야기해 준다고 했지요?

바로 목관의 재료인 금송 이야기입니다. 금송은 일본에서만 자라는 소나무였습니다. 그것도 오사카 부근의 고야산이라는 곳에서 자라는 특산품이지요. 금송은 재질이 매우 단단하고 습기에도 아주 강한 나무입니다. 관의 재료로는 더할 나위 없이 최고랍니다.

 그렇다면 무령왕과 왕비의 관 재료로 어떻게 일본산 금송이 쓰이게 된 걸까요? 무령왕은 임금의 자리에 있는 동안, 일본에 많은 학자와 의사, 기술자 등을 보내 백제의 선진 문물을 전해 주었습니다. 평소 일본과의 외교 관계가 아주 좋았던 것입니다. 그러니 자신들에게 큰 은혜를 베푼 왕이 갑자기 세상을 떠났다는 소식을 듣고, 일본에서 기꺼이 금송을 보내 주었을 것이라 추측됩니다. 바다를 건너온 나무로 만들어진 아주 특별한 관이지요.

현재 박물관에 전시되어 있는 무령왕과 왕비의 목관은 바로 그 일본 고야산의 금송을 구해 복원한 복제품입니다. 국립공주박물관에 가면 자세한 모습을 볼 수 있답니다.

아는 만큼 보인다!

④ 석조·목조 문화재 이야기

석조 문화재의 종류

석조 문화재란 돌을 재료로 한 문화재를 가리켜요. 가장 흔히 볼 수 있는 건 석탑이나 돌로 만든 불상이지요. 이외에도 광개토 대왕릉비, 석등, 석탑, 비석이 있으며, 오래전으로 거슬러 올라가 돌도끼, 돌칼, 돌창, 고인돌 등도 돌로 만들어진 대표적인 문화재들이에요. 우리나라에는 돌로 만들어진 문화재나 유물이 특히 많은 편인데, 조각에 적합한 화강암이 많기 때문이에요.

목조 문화재의 종류

목조 문화재란 나무를 재료로 하여 만들어진 문화재예요. 팔만대장경 목판, 궁궐이나 문의 현판, 나무로 지은 사찰, 목탑, 농기구, 장롱 등이 속하지요. 우리나라를 대표하는 목조 문화재는 경상북도 안동시 서후면의 '봉정사 극락전'과 경상북도 영주시 부석면에 있는 '부석사 무량수전'이에요. 두 건물 모두 고려 시대에 지어진 목조 건물로 아직까지도 건재해요.

지식 PLUS

석조·목조 문화재

훼손 원인

흔히 석조 문화재는 단단하기 때문에 변형되지 않을 거라고 생각해요. 그러나 돌 역시 세월이 흐르면 기온이나 습도에 영향을 받아요. 풍화로 인해 금이 가거나 깨지기도 하고, 표면에 오염물이 달라붙어 색깔이 변하기도 해요.

반면 목조 문화재의 가장 큰 훼손 원인은 곤충의 공격이에요. 최근에는 특히 흰개미로 인한 피해가 늘고 있어요. 그 밖에도 땅속이나 물속에서 발굴된 유물은 급격한 온도 변화로 인해 뒤틀리거나 줄어드는 변형이 일어나기도 해요.

복원 및 보존 처리법

석조 문화재의 경우 무겁고 크며, 외부에 노출되어 있는 경우가 많아요. 금이 간 경우에는 **접착제**를 주사하고, 돌과 돌 사이에 공간이 있으면 메우는 접합 작업을 해요. 그 후 **강화 처리**를 하고, 원래 석재와 가장 유사한 **부재**를 구해 채워 넣어요.

목조 문화재의 경우에는 먼저 표면의 **이물질**을 제거해요. 부드러운 붓이나 면봉으로 닦아 낸 후 습식 세척하고, 특수 용액을 이용해 **강화 처리**해요. 다음은 유물이 가지고 있는 수분을 말려 원래 상태로 붙여요. 마지막 작업은 떨어져나간 부분을 메우고, 안료로 색 맞춤을 하는 거예요.

보존과학의 비밀

{ 5장 }

벌레와 습기의 공격을 피해라

01 세계 최초 목판 인쇄물 '무구 정광 대다라니경'

02 되살아난 조선 시대 미라의 저고리

03 보존 처리를 부탁해, 국보 '난중일기'

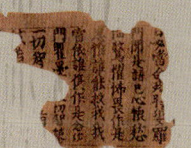

01

세계 최초 목판 인쇄물 '무구 정광 대다라니경'

'무구 정광 대다라니경'이라는 말이 길고 어렵지요? 경전의 하나라는 것만 추측할 수 있을 겁니다. 무구 정광 대다라니경은 탑을 세우고 마음속으로 부처님을 생각하며 경을 외우면 깨달음을 얻어 소원을 이룰 수 있고, 죽어서도 극락에 가게 된다는 내용을 적어 놓은 불교 경전입니다. 탑과 관련된 경전이기 때문에 사리장엄구를 탑에 모실 때 함께 묻는

금동제 사리외함

경우가 많았습니다. 이 다라니경은 현재 국보 제126호로 지정되어 보호받고 있습니다.

불국사 석가탑에서 발견되다

무구 정광 대다라니경은 1966년 10월, 경상북도 경주시에 있는 불국사 석가탑 해체 공사 중에 발견되었습니다. 이 과정에서 탑신(탑의 중심을 이루는 가운데 기둥) 일부가 무너졌는데, 바로 그 탑신 가운데 네모난 구멍 안에 자리하고 있던 것입니다. 구멍 안에는 금동제 사리외함이 들어 있고, 그 안에 또 하나의 작은 직사각형 사리내함이 있었습니다.

구멍 안에는 이외에도 청동 거울, 향, 먹, 구슬 등 각종 유물이 잔뜩 들어 있었습니다. 여러 유물 가운데 가장 눈길을 끈 것은 직사각형 사리함 속에서 나온 비단 보자기였고요. 비단 보자기는 안에 무엇인가 중요한 것이 들었음을 암시하듯 실로 감겨 있었습니다.

비단의 색이 비록 누렇게 변했지만, 생김새로 보아 안에 무언가 중요한 유물이 들어 있는 것 같았습니다. 그렇다고 그 자리에서 확인해 볼 수는 없는 일이었습니다. 탑 속에서 1300여 년을 있었으니까요. 발굴원들은 탑에서 나온 유물들을 먼저 안전한 장소로 옮겼습니다. 그리고 보자기를 펼치니 두루마리로 된 무구 정광 대다라니경이 있었습니다. 치수를 재 보니 너비가 약 6.5㎝, 길이가 약 620㎝나 되는 긴 인쇄물이었습니다. 인쇄물 위로는 선명한 글씨가 빼곡했고요.

심각했던 발견 당시의 상태

당시 상태를 살펴볼까요? 아래 사진처럼 손상의 정도가 굉장히 심각합니다. 종이는 온도와 습도, 벌레 등에 아주 민감하니까요. 신라 시대 종이로 만들어진 유물이니, 그동안 보관이 잘되었다고 해도 자연적 손상 정도가 상당했습니다. 특히 습기와 좀벌레 등으로 인해 삭거나 좀이 슨 부분이 많았습니다. 또

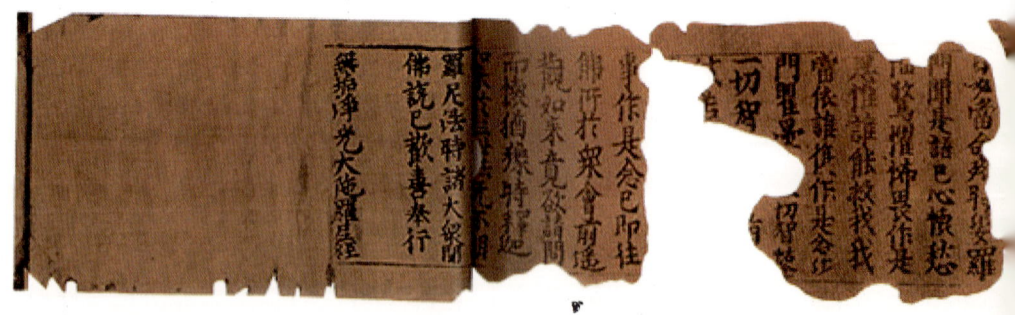

무구 정광 대다라니경 초기 상태

한 공기와의 접촉으로 인해 종이가 부스러지거나 조각나 있었으며, 본문 일부가 사라져 있기도 했습니다.

그러나 당시 보존과학 기술이 뛰어나지 않아, 그 상태로 박물관에서 오랫동안 잠을 자야 했습니다. 완전하게 보존 처리를 하지 못한 것이 안타까웠지만 할 수 없었습니다. 그리고 20여 년이 지난 1988년 9월, 드디어 복원 작업이 결정되었습니다. 이즈음까지도 우리나라의 보존과학 기술은 일정 수준까지 오르지 못한 상태였기에, 일본의 전문가들을 초빙해 도움을 받았답니다.

되살아난 무구 정광 대다라니경의 가치

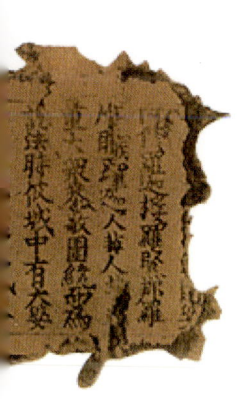

복원에 들어가기 전에 먼저 전체적인 분석을 해야 합니다. 분석 결과, 종이는 닥나무 껍질을 이용해서 만든 전통 한지였고, 한지 색깔이 누런 것은 황벽나무의 열매에서 나온 색소로 염색했기 때문이라는 것이 밝혀졌습니다. 거기에 더해 종이의 늘어나고 줄어드는 강도와 종이 재질의 무게 등도 꼼꼼하게 측정했습니다.

이제 중요한 작업이 남았습니다. 보존과학자들은 이전과 같

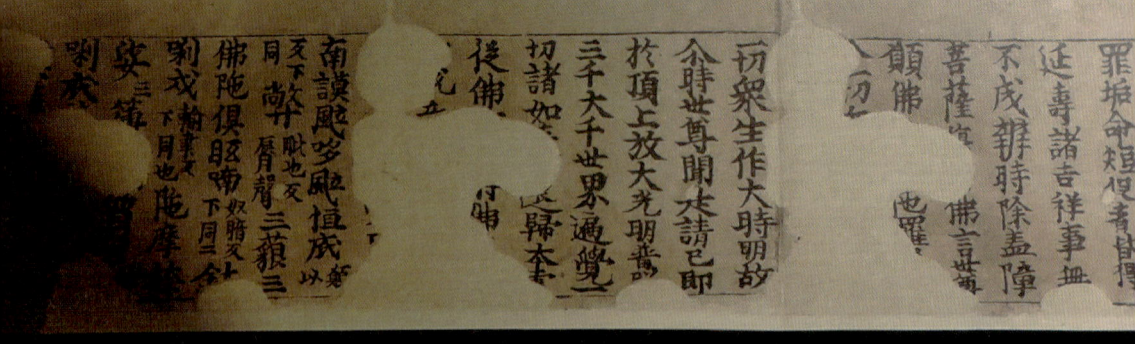

복원된 무구 정광 대다라니경

이 닥나무를 이용해 직접 한지를 만든 것은 물론, 늘어짐의 강도와 무게까지 고려했습니다. 떨어져 나간 부분도 최대한 전과 같게 만들었고, 기존의 종이와 새 종이의 섬유소를 한 가닥 한 가닥 짜깁기식으로 교차하여 처리했답니다.

위쪽 사진이 바로 보존과학자들이 되살려 낸 무구 정광 대다라니경의 모습입니다. 이 무구 정광 대다라니경은 발견 당시에는 펼쳤을 때의 총 길이가 약 620㎝였습니다. 그런데 부스러진 조각들까지 찾아 제대로 복원하자 그 길이가 무려 642㎝로 늘어났습니다.

무구 정광 대다라니경은 세계 최초의 목판 인쇄물이라는 면에서 그 가치가 큽니다. 전문가들은 무구 정광 대다라니경이 제작된 시기가 불국사 석가탑이 완성되던 751년경으로 보고 있

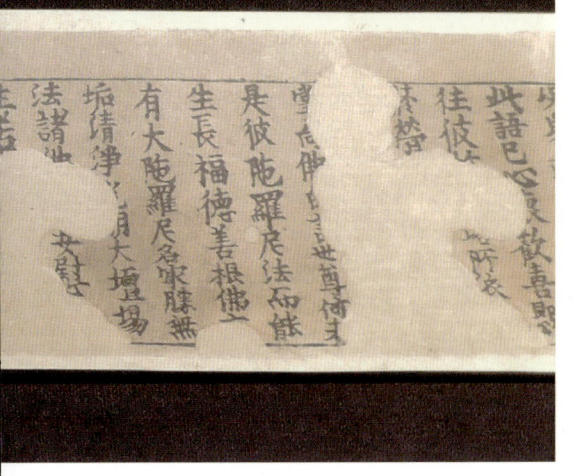

습니다. 이것이 발견되기 전까지 전 세계에서 가장 오래된 목판 인쇄물은 770년경에 인쇄된 것으로 알려진 일본의 '백만탑 다라니경'이었습니다.

물론 중국과 일본에서 이런저런 근거를 대며 서로 자기 나라의 경이 가장 오래된 것이라고 하지만, 여러 가지 증거로 볼 때 우리의 무구 정광 대다라니경이 최초의 목판 인쇄물이라 할 수 있습니다. 이렇게 귀중한 유물을 되살려 냈다는 게 참 자랑스럽지요?

02

되살아난 조선 시대
미라의 저고리

   2010년 4월, 경상북도 문경시 흥덕동의 옥녀봉이라는 작은 산 아래에서 아주 귀한 조선 시대 유물이 발견되었습니다. 아파트를 짓기 위해 공사를 하던 중 회벽에 둘러싸인 검은색의 목관을 발견한 것입니다.

   관 안에는 놀랍게도 여성의 미라가 있었습니다. 미라는 사람이 죽었을 때 입히는 옷인 '수의'를 입고 있었고, 수의 위에 여성이 평소에 입었을 것으로 추정되는 의복이 여러 개 더 있었습니다. 이후 추가로 밝혀진 것은 여성이 살았던 시대가 1600년대라는 것입니다. 또한 시신의 상태로 미루어 보아 나

이는 약 35세~50세, 키는 150㎝ 정도였습니다. 함께 나온 정보로 진성 이씨의 여성이라 추정할 수 있어서 이 묘를 '진성이낭묘'라 부르기로 했어요.

발굴된 유물은 곧 여러 전문 기관으로 옮겨졌습니다. 이번에 소개할 것은 언뜻 보면 지금의 한복 저고리와 비슷하기도 한, 바로 이 조선 시대 여성의 저고리입니다.

조선 시대 미라와 여성들의 옷

'미라'에 대해서는 한 번쯤 들어 봤을 겁니다. 미라는 사람이나 동물의 시체가 썩지 않고 현재까지 보존된 것을 말합니다. 고대 이집트의 미라가 가장 유명한데, 그들은 살아 있을 때의 세상과 죽은 후의 세상을 미라가 연결해 준다고 믿었답니다. 우리나라는 그런 면에서 미라와 거리가 멀었지요. 그런데 우리나라에서도 최근 묘를 옮기거나 공사하는 과정에서 종종 미라가 발견되고 있습니다.

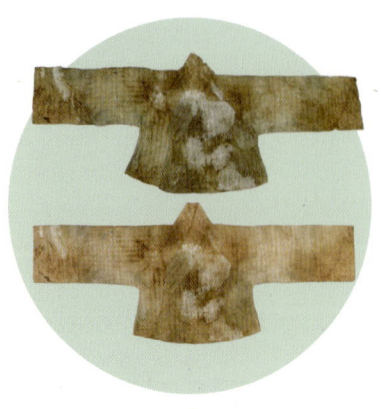  

저고리 보존 처리 전후

대부분 이런 현상은 의도된 것이 아닌 무덤 속의 특수한 환경으로 인해 우연찮게 일어납니다. 그런 미라가 발견되는 곳 근처에는 역사적으로 중요한 유물, 특히 옷이나 생활용품 등이 함께 있어 당시 생활상 추측에 큰 도움이 된답니다.

가장 중요한 것은 꼼꼼한 분석

이제 미라의 옷이 어떤 과정을 거쳤는지 알아볼까요? 오래된 유물의 경우는 수습을 하는 게 첫 순서입니다. 땅속에서 수백 년을 방치되어 있었기 때문에 조심하지 않으면 부서지거나 흐트러질 수 있으니까요. 수습된 옷들은 물에 적셔 젖은 상태로 보존과학실에 옮겨졌습니다.

보존과학자들은 일단 통풍이 잘되는 곳에 천막을 설치하고 수습된 옷들을 펼쳐 놓았습니다. 바람을 통해 1차적으로 오염물을 제거하기 위해서지요. 오랫동안 땅속에 묻혀 있었기 때문에 먼지를 비롯한 이물질이 상당했습니다.

이 과정에서 떨어지는 옷 조각들도 생기곤 합니다. 그럴 때는 즉시 번호를 매기고 사진을 찍어 기록을 남겨야 합니다. 기록은 아주 중요합니다. 옷의 전체적인 형태를 비롯해 각 부분의 길이, 손상 상태, 옷감이 홑겹인지 누비옷인지 등도 구분해 세세하게 기록하고 사진으로 남겨야 하지요.

말린 옷감은 종류별로 나눠 한지에 담아 냉장 보관합니다. 그다음에는 옷감의 섬유 분석을 시작합니다. 다양한 종류의 첨단 장비를 통해 옷의 재질과 조직 등이 꼼꼼히 분석됩니다. 분석 결과, 미라의 저고리는 견섬유와 면섬유가 대부분이었습니다. 섬유에 대해 이렇게 꼼꼼하게 분석하는 이유는 바로 의류의 세척 때문입니다. 섬유의 종류에 따라 가장 알맞게 사용할 수 있는 세척제가 다르거든요.

다음으로는 의류의 색깔을 정확히 측정하고, 이어 적외선 촬영을 실시합니다. 섬유 어딘가에 혹시 모를 중요한 정보가 남아 있을지도 모르기 때문이죠. 이어 조직이 떨어지는 것을

보존 처리 전 저고리

방지하기 위해 아교나 화학 약품으로 강화 처리를 합니다.

다음 단계는 세척과 건조입니다. 옷이 오래되었기 때문에 특히 이 과정이 중요합니다. 특수 용액에 옷을 담가 오염 물질이 자연적으로 떨어질 수 있게 조치하는데, 이때 옷감에 맞는 적절한 세척제를 사용합니다.

복원된 조선 시대 여성 의복

세척이 모두 완료된 옷은 마지막으로 각종 곰팡이나 세균,

보존 처리 중인 저고리

미생물 및 해충으로부터 옷감을 보호하기 위해 소독해야 합니다. 바로 밀폐된 상태에서 연기나 가스 등을 이용해 소독하는 '훈증 소독'입니다. 진성이낭묘에서 출토된 이 저고리들은 무려 48시간 동안 훈증 소독을 실시했습니다.

소독이 끝나면 유물에 대한 보수 작업이 시작됩니다. '보존 처리 전 저고리' 사진을 보면 옷감이 떨어지거나 많이 구겨져 있지요? '보존 처리 중인 저고리' 사진을 보면 바느질했던 실이 다 삭아 사라져 옷이 조각나 있습니다. 세척을 했기 때문입니다. 이 상태로 보존 처리를 할 수 없습니다. 비슷하게 만들어진 섬유를 덧대거나 오려 붙여 꼼꼼하게 다시 바느질해야 합니다.

마지막으로 원래의 옷 색깔과 최대한 비슷하게 천연 염색을

보존 처리 완료된 저고리

하고, 특수 용액을 사용해 앞으로도 옷이 변질되지 않도록 화학 처리하면 비로소 작업이 완료됩니다.

　이렇게 오래된 옷을 수습하여 복원하고 보존 처리까지 하는 데는 꽤 많은 시간이 걸립니다. 진성이낭묘 출토 유물들도 보존 처리를 하는 데 장장 3년의 시간이 걸렸고요. 보존과학자들의 오랜 땀과 노력이 누더기 같았던 의복에 새 생명을 불어넣은 겁니다.

미라의 저고리

그림으로 보는 보존 처리

❶ 유물 수습 : 발굴한 유물은 손상되지 않도록 주의하며, 물에 적신 상태로 이동해요.

❷ 오염물 제거 : 유물을 바닥에 펼치고 바람을 통해 오염물을 제거해요. 이때 옷 조각마다 번호를 매기고 사진을 찍어 둬요.

❸ 섬유 분석 : 현미경을 이용해 섬유의 재질과 조직 등을 꼼꼼히 분석해요.

❹ 세탁과 건조 : 분석 결과를 바탕으로 알맞은 용액을 골라, 옷을 세척하고 건조해요.

❺ 훈증 소독 : 밀폐된 소독방에 연기나 가스를 투입해 유물을 소독해요.

❻ 보수 작업 : 떨어지거나 구겨진 부분을 다듬고, 색감을 맞춰 천연염색을 해요.

03

보존 처리를 부탁해, 국보 '난중일기'

모두들 '난중일기'에 대해 잘 알고 있나요? 난중일기는 이순신 장군이 임진왜란이 일어나던 1592년 정월 초하루(음력 1월 1일)부터 노량 해전에서 전사하기 전인 1598년 11월 17일까지 7년의 일들을 기록한 것으로, 정확한 이름은 '이충무공난중일기부서간첩임진장초'입니다.

난중일기는 임진왜란의 전개 과정을 잘 담고 있으며, 인간 이순신에 대한 연구에 있어서도 빼놓을 수 없는 소중한 역사 자료로 평가되고 있지요. 그 가치를 인정받아 1962년, 국보 제76호로 지정되어 보호받고 있습니다.

현충사에 전시되었던 진품 난중일기

이순신 장군은 어린 시절부터 무과에 급제할 때까지 현충사 인근에 살았습니다. 충청남도 아산시에 자리하고 있는 현충사는 1706년에 세워져, 조선 말에 잠시 없어졌다가 1932년에 다시 세워진 사찰입니다. 이곳에 난중일기가 전시되어 있었습니다. 덕수 이씨 문중에서 보관하고 있던 이순신 장군의 친필 난중일기가 현충사를 재건하며 전시된 것입니다.

전시 기간은 그리 오래되지 않았지만, 일기가 쓰인 것은 400년도 훨씬 전의 일입니다. 종이에 쓰였으니 여기저기 손상이 많이 갔겠지요? 현충사 관리소에서는 2012년, 유물을 그대

로 전시했다가는 훼손될 것을 염려했습니다. 더구나 당시 유네스코에서도 세계 기록 유산으로 등재되려면 적당한 조치를 받는 것이 좋겠다는 의견도 있었습니다. 결국 복원과 보존 처리가 결정되었습니다.

조사와 진단이 우선이다

보존과학자들은 난중일기를 비롯한 서간첩과 임진장초 등 9권의 책을 넘겨받아 검토를 시작했습니다. 책을 살펴봐야 문제점을 발견할 수 있고, 문제점을 알아야 어떻게 작업할지 계획을 세울 수 있으니까요.

곰팡이가 핀 부분이 군데군데 있었고, 오래되어 꺾인 부분도 제법 있었습니다. 얼룩도 많고 닳아 없어진 부분도 상당했습니다. 과거에 보수한 흔적은 남아 있지만 허술한 부분도 있었습니다. 보존과학자들은 심각한 수준은 아니지만, 여기저기 손볼 곳이 많다는 결론을 내렸습니다.

가장 좋은 방법은 전체를 완전히

해체한 다음, 처음부터 다시 만들어 내는 것이었습니다. 전체 아홉 권에 대한 작업을 완벽하게 마치려면 족히 2년이라는 시간이 걸릴 듯했습니다. 그럼에도 보존과학자들은 책의 표지부터 낱장까지 조심스럽게 분리했습니다. 한 장 한 장 해체한 후에는 종이의 재질과 강도, 두께 등 전반에 대한 조사를 실시했습니다.

유네스코 세계 기록 유산이 되다

다음 과정은 무엇일까요? 이제 여러분도 다음 순서를 예측할 수 있을 겁니다. 바로 청소입니다. 쓰인 지 무려 400년이나

난중일기 보존 처리 전

지났으니, 쌓인 먼지만 해도 엄청났습니다.

먼저 유물을 붓으로 털어 내거나 공기의 압력을 이용한 건식 세척으로 구석구석 꼼꼼하게 먼지를 없앱니다. 이어서 습식 세척도 진행됩니다. 종이도 습식 세척 과정을 거쳐야 제대로 때를 벗길 수 있답니다. 건식 세척만으로는 때와 얼룩을 지울 수 없거든요.

이때는 증류수를 이용합니다. 온도가 30℃ 미만인 증류수에 3분씩, 총 4회 담급니다. 물에 담근다고 하니 먹으로 쓴 글자가 번지거나 변질되지 않을까 걱정되나요? 그런 걱정은 하지 않아도 됩니다. 먹에는 아교가 섞였을 뿐만 아니라 시간이 지나면서 굳어져, 종이를 물에 세척하더라도 글씨는 전혀 번지지 않으니까요.

종이를 말린 후에는 잘못 수리했던 부분을 제거합니다. 그리고 다시 본격적으로 책을 고칩니다. 사라진 부분은 새로운 한지를 붙여 복원합니다. 이때는 훼손된 부분만 메울 수 있도록 핀셋으로 정교하게 작업하는 게 중요합니다. 한지를 기존의 종이에 이어 붙일 때는 접착제 대신 물을 이용하면 더욱 자연스럽습니다.

또 원본과 현재의 한지 색이 다르기에 색감을 잘 맞추어야

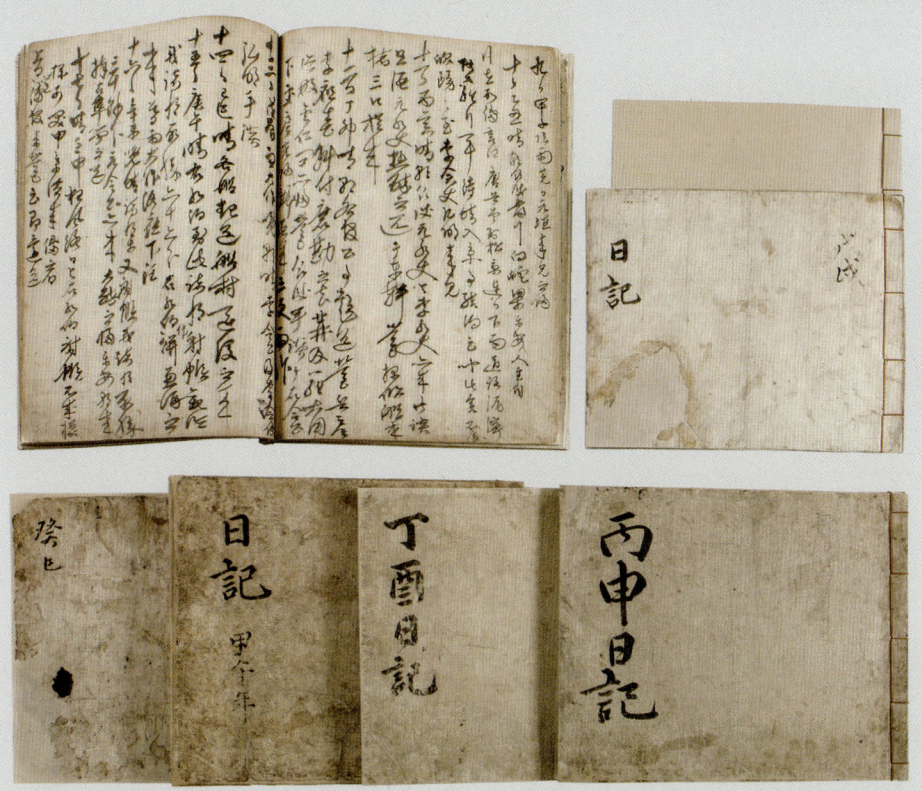

난중일기 보존 처리 후

합니다. 천연 재료들을 이용하는데, 많이 사용하는 방법은 오리나무와 소나무 끓인 물을 혼합해 색을 낸 다음 여러 번 칠하는 것입니다.

이런 작업으로 낱장들이 모두 되살아나면, 마지막 과정으로 철을 합니다. 철의 경우 전통적으로는 홀수의 구멍을 뚫어 엮습니다. 그런데 난중일기 일부 책의 구멍이 4개로 짝수인 경우가 있어 5개로 늘린 다음, 면으로 제작된 철끈을 이용해 철했답니다.

　이런 과정을 거치면 비로소 난중일기의 복원 및 보존 처리 작업이 끝납니다. 이 작업은 실제로 장장 2년에 걸쳐 진행되었습니다. 그리고 복원 작업 중이었던 2013년, 난중일기는 유네스코 세계 기록 유산으로 지정되는 영광을 누렸답니다.

-끝마치며-

　지금까지의 이야기가 재미있었나요? 반만년의 역사 동안 우리 조상들은 수많은 유물을 곳곳에 남겨 놓았습니다. 그것들은 시간이 흐름에 따라 하나하나 발굴되며 세상에 얼굴을 내밀었지요. 우리는 선조들이 남긴 소중한 유산들을 후손들에게까지 고스란히 물려주어야 할 책임이 있습니다.

　그러니 보존과학자, 그들이 문화재를 복원하는 일은 한낱 도자기 한 조각, 그림 한 점, 돌멩이 한 개를 채워 넣는 것이 아닙니다. 단순히 지나간 역사를 복원하는 것에서 그치지 않아요. 보존과학은 문화와 예술, 과학이 만나는 교차점입니다. 그들이 보존하고 있는 것은 우리 민족의 과거이며, 우리 선조들의 생활과 삶이니까요.

　이제 보존과학이 얼마나 중요한지 잘 알겠지요? 어떤 문화재도 그냥 전시되는 것은 없습니다. 우리가 보게 되는 문화재 하나하나에는 보존과학 기술이 담겨 있어요. 박물관이나 책 등에서 만나는 문화재들이 어떤 과정을 거쳐 우리 앞에 오게 되는지 잘 알았으니, 이제 그것들을 더욱 소중히 여기는 마음을 가질 수 있을 겁니다.

아는 만큼 보인다!

❺ 지류·직물 문화재 이야기

지류 문화재의 종류

지류 문화재는 주로 천연 섬유인 종이를 원료로 이루어진 문화재예요. 쉽게 말해 책이나 그림 등이 속하지요. 조선왕조실록이나 삼국사기, 삼국유사는 물론 홍길동전 같은 책, 왕이 내렸던 교지, 종이로 된 산수화나 초상화 같은 그림들이 모두 포함돼요.
특히 우리나라 지류 문화재는 한지를 사용한 것이 많아요. 전통 한지는 닥나무 껍질을 이용해 만드는데, 품질이 아주 좋아 외국에서도 명성이 자자했어요. 중국 송나라 때 사람 손목은 '고려 종이는 비단같이 희고 질기고, 글자를 쓰면 먹물을 잘 빨아들여 애착심이 솟구친다. 이런 종이는 중국에는 없는 우수한 것이다.' 라고 극찬했을 정도예요.

삼국사기

 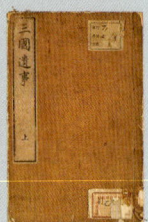

삼국유사

직물 문화재의 종류

직물 문화재는 한마디로 사람들이 입는 '옷감'으로, 의류 문화재라고도 해요. 우리나라의 경우 전통적으로 식물성 섬유를 이용해 만들었어요. 일반인들이 옷감으로 가장 많이 사용한 것은 삼베, 모시, 무명 등이에요. 왕실이나 사대부 집안에서는 고급 비단을 만들어 입기도 했어요. 최근에는 왕실 의류나 조선 시대 미라의 옷 등이 다수 발견되어 문화재 연구에 보탬이 되고 있어요.

지식 PLUS

지류·직물 문화재

훼손 원인

천연 원료로 이루어진 지류 문화재와 직물 문화재는 시간이 흐르면 **미생물**의 작용으로 인한 손상을 입어요. **벌레, 곤충, 설치류** 등에 의한 직접적인 손상도 많고, 그것들의 배설물로 인한 손상도 있을 수 있어요. 또 **온도**와 **습도**에도 민감하게 반응해요. **바람**이나 물리적인 힘에 의해서 수축과 팽창이 일어나 훼손이 일어나기도 하고요. **햇빛**과 **열**, 각종 **먼지**와 **가스**로 인한 손상도 주의해야 해요.

복원 및 보존 처리법

지류 문화재와 직물 문화재의 보존 처리 방식은 조금 달라요. 먼저 지류 문화재의 경우 **이물질 제거**, 종이의 **안정화**, 떨어진 부분 **보강** 및 **배접**, **색 맞춤** 등의 보존 처리를 과정을 거쳐요.

직물 문화재의 경우는 **분석** 과정이 특히 중요해요. 온도나 습도 차이 등으로 변형되기 쉽기 때문이에요. 분석을 마친 직물은 **형태 보정**을 하고 세척을 거쳐 **강화** 및 **보강** 작업을 실시해요. 그 과정은 몇 년이 걸릴 수도 있어요.

보존과학 수첩

보존과학 묻고 답하기

Q 보존과학이 정확히 뭐예요?

A '보존과학'이란 발굴된 유물이나 문화재의 제작 기술과 손상 원인, 또 어떻게 보존하고 복원할 것인지를 과학 지식과 기술을 응용해 연구하는 분야예요.
보존과학 연구의 목표는 문화재와 관련된 정보를 세밀하게 조사하고 분석해, 보다 안정적인 상태로 미래 세대에 전달하는 것이랍니다.

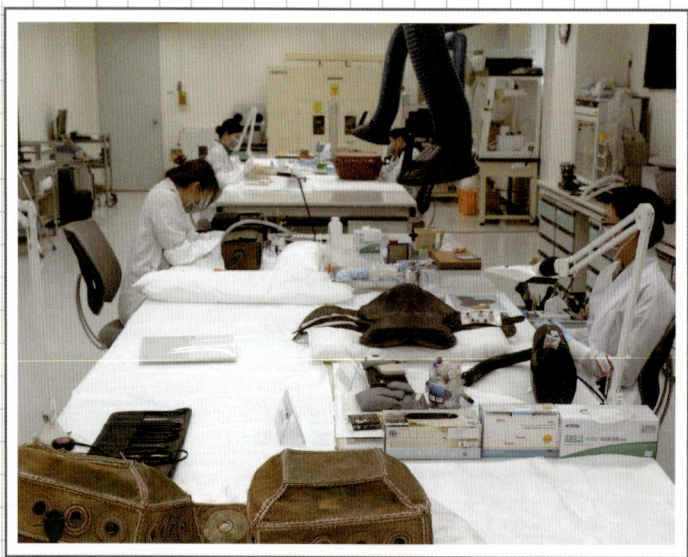

국립중앙박물관 보존과학실

Q 보존과학실 안은 어떤 모습인가요?

A 처음 보존과학실이 생겨난 시기에는 책상 하나, 핀셋 몇 개와 확대경, 외국에서 구해 온 샘플용 접착제뿐이었대요. 지금은 사진처럼 전문적이고 쾌적한 환경이 만들어졌어요.

Q 보존과학자는 어떤 직업이에요?

A 보존과학자는 우리 문화유산에 생명을 불어 넣어 미래로 전달하는 멋진 직업이에요. 보존과학자들은 항상 무엇을, 어떻게, 왜 복원해야만 하는지를 스스로에게 끊임없이 되물으며 가장 합리적이고 객관적인 결과를 얻고자 노력해요. 그러기 위해서는 엄청난 끈기와 집중력이 필요하답니다.

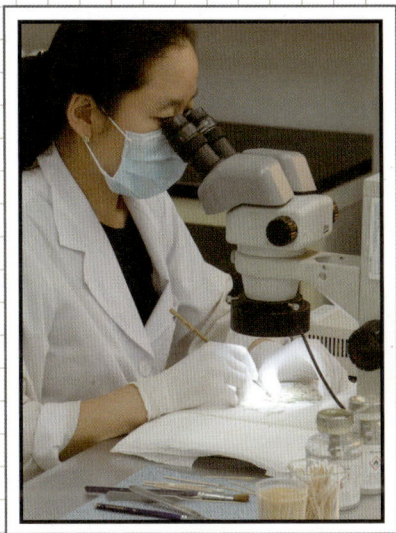
보존 처리 작업 중인 보존과학자

Q '보존과학자의 4계명'이라는 게 뭐예요?

A 국내 보존과학계의 존경받는 인물인 故이상수 박사가 남긴 보존과학자들을 위한 지침을 말해요. 짧은 글귀 안에 보존과학자들의 마음가짐이 잘 담겨 있어요.

　　-옛 장인의 입장에서 당시 장인처럼 작업한다.
　　-처리는 반영구적이므로 한 번 실수는 영원하다.
　　-작업 전 작업 내용과 결과를 충분히 검토한다.
　　-복원에 왕도는 없으므로 순리대로 진행한다.

보존과학자의 일지

보존과학자들은 작업 과정을 기록하는 일지를 작성해요.
관련된 내용을 세세하고 꼼꼼하게 기록하지요. 어떤 내용인지 함께 살펴볼까요?

분석일 : 20**년 **월 **일   분석자 : 왕보존

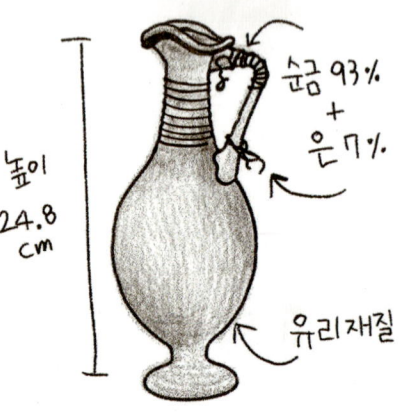

높이 24.8 cm
순금 93% + 은 7%
유리재질

분석자료

분석내용

- 시료명 : 봉황 모양 유리병 (봉수형 유리병)
- 지정번호 : 국보 제193호 (경주 98호 남분 유리병 및 잔)
- 출토지 : 경상북도 경주시 황남동 황남대총 남분
- 분석 방법 : 육안 관찰, 현미경 관찰
- 분석 결과 :

1. 신라 5세기 경, 의례 생활에 사용되었을 것으로 추정된다.

2. 손잡이 부분에 금색 띠는 부러진 손잡이를 고정하기 위한 것으로 추정된다.

박물관 이용 상식

- 전시실 안에서는 소곤소곤 이야기해요.
- 뛰지 말고 사뿐사뿐 걸어 다녀요.
- 관람하고 있는 사람의 뒤쪽으로 이동해요.
- 휴대폰을 진동으로 바꾸고, 작은 소리로 통화해요.
- 사진 찍을 때 플래시와 삼각대를 사용하면 안 돼요.
- 진열장 유리를 손으로 만지거나 낙서하지 말아요.
- 음식물은 전시실 밖 지정된 공간에서 먹어요.

2018년 1월30일 1판1쇄 발행 | 2021년 5월20일 1판3쇄 발행

글 | 서찬석   그림 | 최희옥
펴낸이 | 나춘호   펴낸곳 | ㈜예림당   등록 | 제2013-000041호
주소 | 서울시 성동구 아차산로 153 예림출판문화센터
구매 문의 전화 | 561-9007   팩스 | 562-9007
책 내용 문의 전화 | 3404-9239   홈페이지 | www.yearim.kr

출판사업부문 이사 | 백광균
책임 개발 | 황명숙/한현하 최방울   디자인 | 이정애   사진 | 김창윤/이건무
국제 업무 | 김대원/최고은 김혜진   제작 | 정병문/신상덕 곽종수 홍예솔
홍보 마케팅 | 박일성   전략 마케팅 | 채청용/김희석 임상호 전훈승

ⓒ 2018 서찬석, 예림당
ISBN 978-89-302-7064-9 73400

PHOTO by 국립중앙박물관, 문화재청, 국립문화재연구소, 문화재보존센터, 국립진주박물관, 불교중앙박물관, 연합뉴스, 뉴스뱅크, 예림당

*이 책은 저작권법에 따라 보호받는 저작물이므로 무단 전재와 무단 복제를 금합니다.
 이 책의 표지 이미지나 내용 일부를 사용하려면 반드시 ㈜예림당의 서면 동의를 받아야 합니다.

이 도서의 국립중앙도서관 출판예정도서목록(CIP)은 서지정보유통지원시스템 홈페이지(http://seoji.nl.go.kr)와
국가자료공동목록시스템(http://www.nl.go.kr/kolisnet)에서 이용하실 수 있습니다.(CIP제어번호: CIP2018002134)

어린이제품 안전특별법에 의한 제품 표시사항

제품명 | 도서   제조자명 | ㈜예림당   제조국명 | 대한민국   전화번호 | 02)566-1004
주소 | 서울시 성동구 아차산로 153   제조년월 | 발행일 참조   사용연령 | 8세 이상

⚠ 주의! 책의 모서리가 날카로우니, 던지거나 떨어뜨려 다치지 않도록 주의하세요.